Baumann · Die Welt der Pharaonen

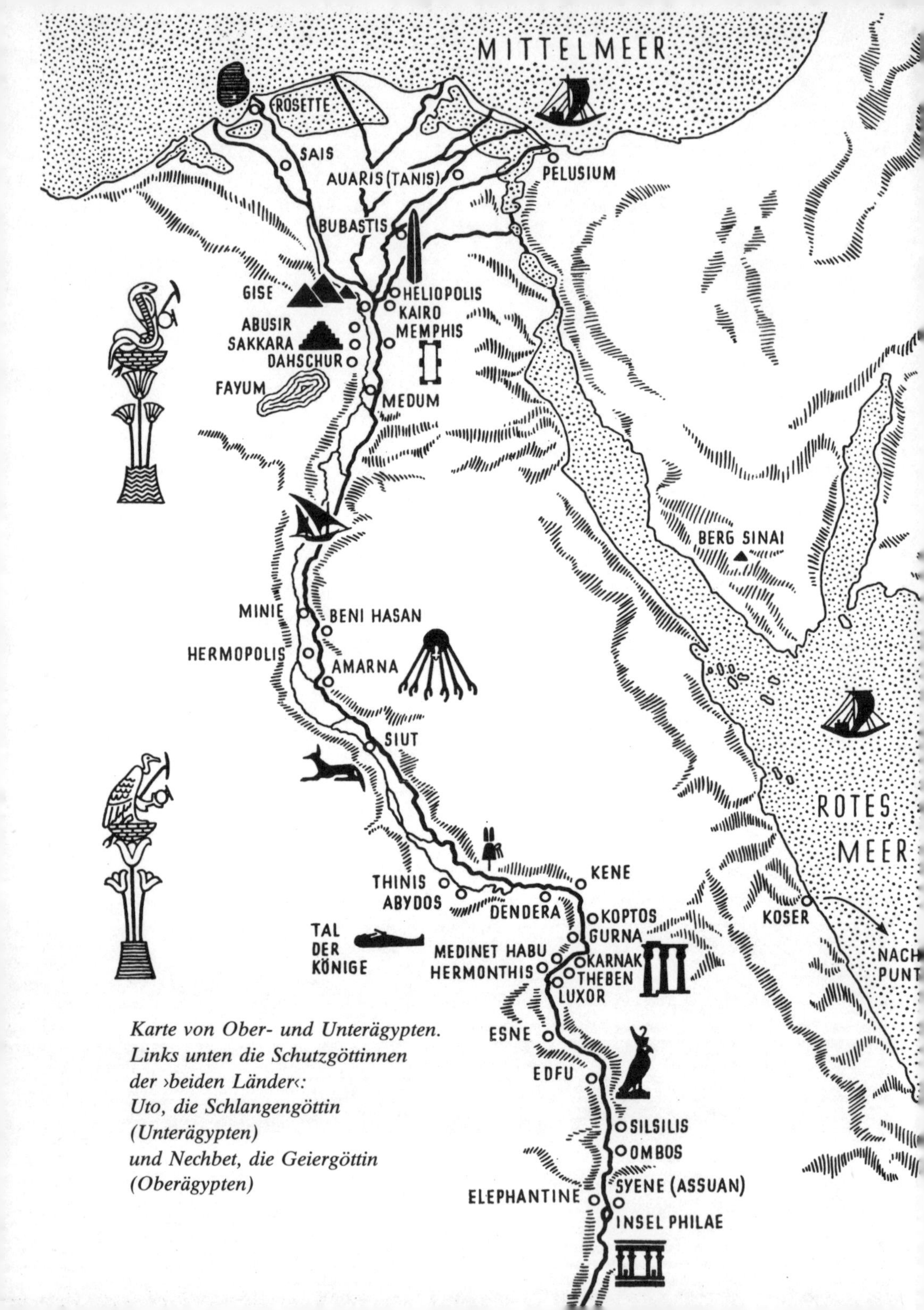

Karte von Ober- und Unterägypten.
Links unten die Schutzgöttinnen
der ›beiden Länder‹:
Uto, die Schlangengöttin
(Unterägypten)
und Nechbet, die Geiergöttin
(Oberägypten)

Hans Baumann

Die Welt der Pharaonen

Entdecker am Nil

C. Bertelsmann Verlag München

Die Motive des Schutzumschlages:
Vorderseite – Die Große Sphinx von Gise mit der Chephren-Pyramide
Rückseite – Megdi an der Pyramide von Medun

Farbtafeln von Albert Burges, Uni-Dia-Verlag, München
Illustrationen von Hans Peter Renner
Gesamtherstellung Mohndruck Reinhard Mohn OHG, Gütersloh
ISBN 3–570–02114–9 · Printed in Germany

Inhaltsverzeichnis

Megdi findet einen Antworter

Der Nil deutete auf die Sonne. Es war Mittag – die beste Zeit für das, was Megdi vorhatte. Zu Hause hatte er gesagt, er werde mit der Tram von Kairo nach Gise hinausfahren, um seinen Vater abzuholen. Aber dafür war es noch viel zu früh, und er hatte Häuser, Kameltreiber und Dragomane, die beim Menahaus auf Reisende aus aller Welt lauerten, rasch hinter sich gelassen, auch die Straße hinauf zum Wüstensockel, der die Pyramiden trug. Nun stand er auf der scharfgezogenen Trennungslinie zwischen schwarzer und roter Erde, Ackerboden und Sand: am Rande der Wüste.

Sein Blick suchte das verwüstete Gräberfeld ab, das die Pyramiden umschloß. Nie zuvor hatte er es ohne seinen Vater betreten. Heute aber zog es ihn zu einem der Schächte, um die sein Vater stets einen Bogen geschlagen hatte.

Megdi spähte zur Großen Pyramide hin, an deren Südseite die beiden neuentdeckten Pharaonenboote in Felskammern lagen. Ein Ingenieur, Kamal el Mallakh, war beim Bau einer Straße auf 42 Kalksteinblöcke gestoßen, in langer Reihe aneinandergefügt. Zwei Tage später war der erste Block, der an die 20 Tonnen wog, gehoben worden, Mallakh hatte den ersten Blick in die Kammer gewor-

Ägyptisches Boot mit Bug in Lotosform

fen – auf eine 16 Meter lange Barke, deren Bug wie eine Lotosblüte geformt war. Ein feiner Duft war vom fünftausend Jahre alten Schiff aufgestiegen. Die Zeitungen aller Länder hatten Berichte gebracht, und nun waren seit einem Jahr Forscher und Fachleute dabei, das große Boot zu untersuchen.

Megdis Vater war ein Archäologe, der stets geholt wurde, wenn etwas Außerordentliches im Nillande ans Licht kam. Ihm waren Funde zu danken, die im Museum aufgestellt waren; mit verbundenen Augen hätte Megdi zu ihnen führen können. Insgeheim war er stolz auf seinen Vater. Doch seit die begrabenen Schiffe entdeckt waren, mußte Megdi unaufhörlich daran denken, daß Mallakh sie zufällig gefunden hatte und daß es eine Reihe anderer Entdeckungen gab, die Leuten geglückt waren, von denen keiner an Entdekken gedacht hatte. So war eine junge Frau, die einen Stoß Bücher von einer Ausgräberbaracke zur anderen trug, mit ihrer Last in eine unterirdische Kammer eingebrochen – auf einem Wege, den sie schon hundertmal zurückgelegt hatte. Nahe dem Tal der Könige war es geschehen, daß sich ein Pferd, ehe es sich versah, mit einer Vorderhand in einem bedeutsamen Grab befand, und einmal war sogar ein Esel mit seinen vier Beinen in eine Fundstätte gestolpert.

Warum sollte da nicht auch einer, der Ausgräber werden wollte, auf etwas Wichtiges stoßen, wenn er nur entschieden anfing zu suchen?

Das Gelände war bewacht, doch Megdi wußte, daß in der Mittagsglut auch die Gafire in den Wächterhäuschen dösten. Es war die Stunde, in der alles Leben den Atem anhielt.

Er ging weiter. Ein paar hundert Schritte blieb er auf der Grenze zwischen Grasnarbe und Sand, den linken Fuß im Fruchtland, den anderen im Streifen, auf dem nicht ein Halm wuchs. Der Boden, der vom Nil angeschwemmt war, trug federnd, während der Sand tückisch nachgab. Sobald Megdi gegen das kleine Wächterhaus hin durch eine Düne gedeckt war, bog er in die Wüste ein.

Als er in die Schachtöffnung blickte, gähnte ihn ein schwarzes Quadrat an. Er leuchtete mit einer Taschenlampe in die Tiefe. Schwacher Schein traf den Boden. Megdi zog die Schuhe aus und versteckte sie unter Sand. Dann begann er mit dem Einstieg. Zunächst ging es leicht. Mit Fingern und Zehen tastete er nach dem nötigen Halt. Von Wand zu Wand war mehr als ein Meter. Das Fenster oben wurde kleiner. Als Megdi etwa 15 Meter abgestiegen war, spähte er nach unten. Ein wenig erschrak er – noch war kein Boden zu sehen. In seinen Knien verspürte er ein Zittern. Er wußte, daß es im Augenblick kein Zurück gab. Ohne noch einmal aufzusehen, stieg er weiter ab. Vom unteren Schachtrand bis zum Boden war es nicht höher als von einem Tisch. Megdi sprang. Zwei Stollen, kaum geräumiger als der Schacht, führten nach Norden und Süden. Megdi entschied sich für den südlichen Gang. Gebückt schob er sich dem Schein der Taschenlampe nach, der vor ihm herglitt. Stumm wie das Licht war hier unten alles, der Fels, den er angriff, der Sand unter den Füßen. Kein Laut drang ein; die Wüste aber reichte bis in diese Tiefe: überall Sand.

Der Stollen wurde so niedrig, daß Megdi nichts übrigblieb, als zu kriechen. Auf einmal lag vor ihm ein Stück Holz. Er faßte danach. Es bröckelte unter seinem Griff. Farbspuren blätterten ab, er sah es im Schein seiner Lampe. Bei schärferem Zusehen erkannte er ein Henkelkreuz, wie es in alter Zeit auf Särge gemalt worden war – als Schlüssel des Lebens. Mit einem Schlage wurde sich Megdi bewußt, daß er im ›Lande der Westlichen‹ war, wie sein Vater es nannte, im Reiche der Toten. Der Gedanke beunruhigte ihn keineswegs; nur dort, wo die Toten ihre Behausungen hatten, waren Entdeckungen zu erwarten. Das bemalte Holzstück steckte er in die Tasche. Der Gang wurde wieder höher. Megdi kam mühelos

Henkelkreuz als Zeichen für ›Leben‹, ägypt. Anch

vorwärts. Dann tat sich eine geräumige Halle auf, deren Boden eine Mulde war, an die 4 Meter tief. Die Mulde war wie ein trockener See, in den von vier Seiten trockene Bäche mündeten. Megdi querte den Steinrand und kroch in den nächstgelegenen Gang. Er kam an eine Stelle, an der ein Steinsarg aus dem Sand ragte. Der Deckel fehlte. Hastig schöpfte Megdi den Steinsarg leer. Er fand nichts als Sand. Da schob er sich über die Ränder hinweg und stieß bald auf einen halbverschütteten Tragkorb. Mit Mühe zerrte er ihn aus dem Sand. Eine kleine Figur aus gebranntem Ton kam zum Vorschein, kaum länger als ein Finger. Megdi schob sie, als müsse er sie vor den Blicken anderer verbergen, sofort in die Tasche. Er vergaß über seinem Fund, daß er an einer Stelle war, an der bereits andere ihr Glück versucht hatten. Die Lampe legte er so, daß volles Licht auf den Flecken vor ihm fiel. Er grub ohne Eile, weit vorgebeugt über die Mulde, hinter der ein kleiner Sandberg aufwuchs.

Plötzlich legte sich eine Hand auf seinen Rücken, und als Megdi herumfuhr, sah er im spärlichen Licht ein altes Gesicht. Es gehörte keinem der Gafire, die Megdi kannte. Der Fremde hielt den Jungen mit seinem Blick fest. Megdi tastete nach seiner Lampe. Doch der Fremde hatte sie bereits ergriffen, ein heller Schein glitt über die Decke, Megdi sah zahlreiche Risse. »Bleib hinter mir!« befahl der Alte gedämpft, als befürchte er, ein lautes Wort könnte die Decke zum Einsturz bringen. An Engpässen leuchtete er zurück.

Sobald sie den Schacht über sich hatten, versuchte Megdi den Ausstieg, doch fühlte er sich so zerschlagen, daß er nicht hochkam. Der Fremde kniete nieder, und als der Junge die Schultern erstiegen hatte, richtete er sich auf. Die ersten fünf oder sechs Meter schaffte Megdi allein, dann blieb ihm nichts übrig, als wieder einen Halt auf den Schultern des Alten zu suchen, der ihn Stück um Stück hochschob. Oben fiel die Helligkeit beißend über Megdi her. Er war so erschöpft, daß er sich setzen mußte. Der Alte setzte sich zu ihm in den Sand. Megdi warf einen scheuen Blick auf den hochgewachsenen Mann, der in eine Galabija gehüllt war, leuchtend blau wie der Himmel am Abend; das Haupt umwand eine weiße Binde, unter der das Gesicht sich ausnahm wie dunkles Holz. Für Megdi war es unbegreiflich, wie der alte Mann es hatte schaffen können, ihm aus dem Schacht zu helfen.

Uschebti-Figur

Der Mann mit dem verwitterten Gesicht brach das Schweigen. »Hat es sich übrigens gelohnt?«

Verlegen holte Megdi die kleine Figur aus der Tasche.

»Immerhin – ein Uschebti«, meinte der Alte; als Megdi ihn fragend ansah, erklärte er: »Ein Antworter, wie er in die Gräber mitgegeben wurde, manchem Toten für jeden Tag des Jahres ein Uschebti.« Er nahm die kleine Figur und deutete auf Schriftzeichen, die unter den gekreuzten Armen begannen und den kleinen Kerl halb bedeckten.

Megdi sah mit Staunen, daß der seltsame Mann ohne Mühe die Hieroglyphen las: »Wenn ich zu einer Arbeit aufgerufen werde, wie sie im Lande der Westlichen getan werden muß, so antworte du an meiner Stelle: ›Hier bin ich!‹ – Jeder Vornehme legte Wert darauf, möglichst viele Antworter im Grabe bei sich zu haben. Das ist der Grund, weshalb es die kleinen Figuren zu Tausenden gibt.«

»Bestimmt hätte ich noch Besseres gefunden«, sagte Megdi, ohne aufzusehen.

»Ein Glück, daß es bei dem Uschebti blieb«, erwiderte der Alte. Er ließ den Jungen nicht aus den Augen. »Nebenbei – wußtest du, daß im letzten Jahr in der Mulde, die wir eben querten, zwei Wühler verschüttet wurden?«

Megdi fuhr zusammen.

»Mitunter setzen sich die Toten zur Wehr«, erklärte der Alte gleichmütig. »Nicht sehr weit von hier fand sich ein erbrochener Sarg, in dem Mumie und Plünderer einander in den Armen lagen. In dem Augenblick, in dem der Eindringling den Toten aus dem Sarg reißen wollte, muß die Decke des Grabes eingestürzt sein.«

Da sagte Megdi: »Ich will aber etwas finden.«

»Ich bin sehr dafür«, stimmte der Alte zu, »nur solltest du es als Ausgräber versuchen, nicht als Plünderer, der dem Tod in die Hände arbeitet.«

»Das verstehe ich nicht«, sagte Megdi verwirrt.

»Sieh dir den kleinen Antworter an, den du gefunden hast!« verlangte der Alte. »Gibt er dir eine Antwort?«

»Er ist doch stumm.«

»Er war es nicht immer«, sagte der Alte ernst. »Als du ihn von der Stelle wegnahmst, an der seit Jahrtausenden sein Platz war, hast du ihm etwas genommen. Jetzt ist er ein Uschebti unter zahllosen anderen. Er war der Uschebti eines bestimmten Mannes, auf ihn konnte er Hinweise geben, zusammen mit anderen Funden aus dem Grab. Du hast ihn wie etwas behandelt, das niemandem gehört. Darüber hat es ihm die Rede verschlagen. Dabei hält dein Vater so große Stücke auf dich.«

»Du kennst meinen Vater?« fragte Megdi betroffen.

»Ich kenne alle Ausgräber am Nil«, behauptete der Alte, »und alle kennen mich.«

»Wer bist du?« fragte Megdi mit wachsendem Staunen.

»Gurgar.«

»Gurgar!« fuhr es Megdi heraus. »*Der* Gurgar, der dabei war, als der Goldene Pharao entdeckt wurde – Tutanchamun?«

»Es lag für Carter nahe, mich zu holen«, sagte der Alte. »Du mußt wissen, daß ich aus einem Ort stamme, der nicht weit vom Tal der Könige liegt. In meiner Familie war bekannt, wo es sich lohnte zu graben. Das geheime Wissen wurde vererbt, und noch mein Vater nahm von den Schätzen der Pharaonen, als seien sie ihm hinterlassen. Einer aus unserer Familie aber, mein Onkel Ali Gabri, dachte nicht so. Er hatte auf einer Reise nach Kairo bei den Pyramiden Männer getroffen, die aus anderen Ländern gekommen waren und doch unsere Sprache verstanden. Auch sie wollten graben, aber sie wollten sich nicht bereichern. Es waren erstaunliche Männer – sie brachten Steine zum Reden. Ihnen erzählten die Wände der Gräber und Tempel Geschichten. Von unseren Leuten wurden sie als Eindringlinge angesehen. Mein Onkel aber schlug sich auf ihre Seite, und als ich so alt war wie du, nahm er mich mit. Seitdem habe ich Entdeckern geholfen. – Megdi«, sagte Gurgar eindringlich, und den Jungen traf es, daß dieser Mann, den er noch nie gesehen hatte, ihn beim Namen nannte, »warum fällst du, der Sohn eines Archäologen, uns in den Rücken?«

Megdis Blicke begannen im Sande umherzuirren.

»Hör zu, mein Junge«, fuhr Gurgar fort, »die da unten begraben sind, hatten kein größeres Anliegen, als daß ihr Name nicht vergehe. Wer ihre Spur verwischt, wie du es getan hast, mißachtet ihren letzten Willen. Du konntest es nicht wissen«, räumte er ein, »*wir* haben versäumt, dich einzuweihen, dein Vater und ich. Zufällig sahen wir beide von der Großen Pyramide aus, wie du in die Wüste einbogst, und dein Vater schickte mich dir nach.«

Das war mein Glück, dachte Megdi.

»Wir beide sollten ein Abkommen treffen«, schlug Gurgar vor.

»Was für ein Abkommen?« fragte Megdi überrascht.

»Was weißt du von den Fahrten ins Land Punt?«

»Nichts«, sagte Megdi.

»Du kennst die versteckte Stadt?«

»Nein«, sagte Megdi.

»Möchtest du erfahren, wie es bei großen Entdeckungen wirklich zugeht?«

»Ja, natürlich«, sagte Megdi.

»Ich mache dir einen Vorschlag«, sagte Gurgar. »Immer dann, wenn es dich hierherzieht, kommst du, statt in einen Grabschacht einzusteigen, zu mir; von mir bekommst du zehn oder zwölf Geschichten – gegen ein Versprechen, das du mir jetzt geben sollst.«

»Ich habe nicht vor, noch einmal Grabräuber zu spielen«, sagte Megdi.

»Nun gut«, sagte Gurgar, »zehn oder zwölf Geschichten aus der

Welt der Pharaonen und von den Männern, die diese Welt ausgruben –«

»Und wann die erste?« fragte Megdi.

»Komm!« sagte Gurgar. »Gehen wir hinüber zu der Stelle, an der sich die Entdeckung, mit der ich anfangen will, ereignete. Es ist die Geschichte einer Ausgrabung, wie sie selbst im Nilland nur alle paar Jahrzehnte einmal passiert. Auch dabei wurde in einen Schacht eingestiegen – nur ließen sich die Entdecker etwas mehr Zeit als du.«

Gurgar und Megdi gingen an der Sphinx vorüber. Im heißen Sande waren die Schritte beinah unhörbar. Vor ihnen erhoben sich die Pyramiden. Die mittlere schien am höchsten und trug an der Spitze einen Rest des Steinmantels, der schimmernd wie Schnee überhing. Gurgar ging auf die Pyramide des Cheops, die Große, zu. Die Ostflanke lag schon im Schatten, doch waren die Blöcke noch warm, als die beiden ein paar Stufen erstiegen und sich setzten. Ihnen gegenüber hatten die Grabbauten der Vornehmen, die zu Cheops' Zeiten mit Ämtern und Würden belehnt waren, ihren Platz – mächtige Steinbänke, Mastabas genannt, und drei kleinere Pyramiden: Gräber für Frauen aus dem Hause des Königs.

»Dort war es!« Gurgar deutete auf eine Stelle der breiten Straße der Großen und der benachbarten kleineren Pyramide.

»Aber dort ist doch gar nichts«, wandte Megdi ein.

»So schien es auch vor dreißig Jahren«, sagte Gurgar. »Niemand hatte an jener Stelle etwas bemerkt, obgleich tüchtige Männer seit der Jahrhundertwende in diesem Bereich an der Arbeit waren. Aber das ist das übliche bei Ausgrabungen: Jahr für Jahr nichts Außergewöhnliches, und dann großes Verwundern, daß man das Unerhörte, das plötzlich vor aller Augen lag, nicht sofort gesehen hatte. So war es auch hier!«

Würdenträger des Alten Reiches mit Schreibgerät. Ausschnitt einer Holztafel aus dem Grabe des Hesire in Sakkara, heute im Museum von Kairo (Vorderseite)

Die von Imhotep erbaute Stufenpyramide und Weiße Mauer König Djosers in Sakkara (Rückseite oben)

Kopf einer Statue Chephrens, des Erbauers der Mittleren Pyramide von Gise. Hinter dem Haupt des Pharao der Himmelsfalke, dessen Herrscheramt Chephren als Lebender Horus auf Erden ausübt (Rückseite unten)

Die erste Geschichte

Ein rätselhafter Fund

Die glücklichen Entdecker waren Amerikaner, die im Jahre 1902 ein Grabungsfeld abgesteckt hatten, das Sphinx und Pyramiden einschloß. Drei Jahrzehnte setzten sie an die Aufgabe, und es gelang ihnen, Hunderte von Gräbern freizulegen, darunter Grabbauten von Königinnen, Prinzen und Prinzessinnen der Herrscherfamilie, die man Vierte Dynastie nennt und deren berühmtester Pharao Cheops ist, der Erbauer der Großen Pyramide.

Alle Gräber waren leer, vor Jahrtausenden erbrochen, der Mumien und Grabbeigaben beraubt. Immerhin fanden die Archäolo-

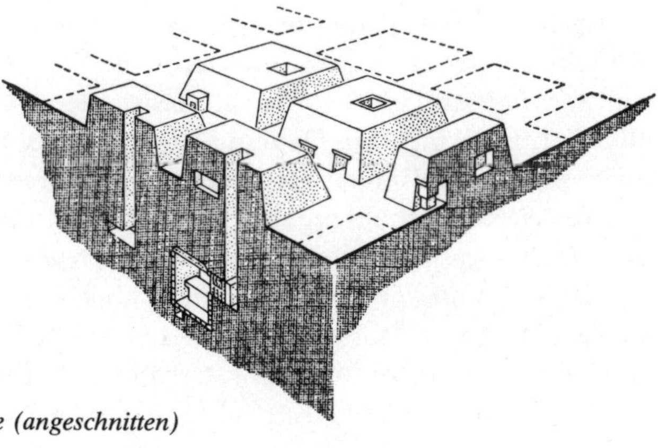

Mastaba-Gräber der Vierten Dynastie (angeschnitten)

gen der Harvard-Boston-Expedition unter Führung von Dr. Reisner Grabbilder, Reliefs, Statuen und Inschriften. Sie stießen sogar auf Reste der Grundmauern und des schwarzen Basaltbelages vom Totentempel, der zur Cheopspyramide gehörte. Meter um Meter wurden Wüstensand, Geröll und Bauschutt weggeräumt, bis Straßen mit altem Pflaster zum Vorschein kamen, und sogar dieses Pflaster wurde abgehoben, um unter die Steinblöcke einen Blick zu tun. Anfang Dezember 1924 stießen die Forscher auf die Kante eines Felseinschnittes. Sie ließen tiefer graben, und am 12. Dezember gab es keinen Zweifel mehr: Sie hatten die Anlage einer Pyramide entdeckt. Nördlich dieser unvollendeten Pyramide erhob sich ein Felsrücken. Unmittelbar daneben wurde ein Steinbruch freigelegt, aus dem zu Cheops' Zeiten Blöcke gemeißelt worden waren – zwei Entdeckungen, von niemandem erwartet und nicht eben überwältigend.

Am Morgen des 9. Februar 1925 aber, während Reisner in Amerika zu Vorlesungen war, hatte der Expeditionsfotograf Abdu, ein Ägypter, Ärger mit seinem Stativ. Es wollte nicht stehen, der Untergrund war nicht gefügig genug. Abdu versuchte es an einer anderen Stelle. Und nun brach der eine Stachel ein. Abdu prüfte den Grund. Er bestand weder aus Sand noch aus lockerem Gestein, sondern aus Gips, mit dem eine Fuge im Fels ausgefüllt war. Der Fotograf holte sofort die Assistenten Reisners herbei. Mit aller Sorgfalt wurde ein Oval aus Schwefelkalk freigelegt, das als unförmiges Siegel einen rechteckigen Einschnitt im Boden verdeckte, wie sich alsbald ergab. Und dieser seltsame Verschluß war unverletzt – was darunter lag, war demnach von keinem berührt.

Als die erste Lage der Sperrblöcke abgehoben war, zeigte sich eine Stufe. Zwölf Stufen wurden bis zum 23. Februar freigelegt. Die Treppe mündete in einen lotrechten Schacht ein; er war mit Geröll und Mauerwerk ausgefüllt und oben mit schweren Blöcken

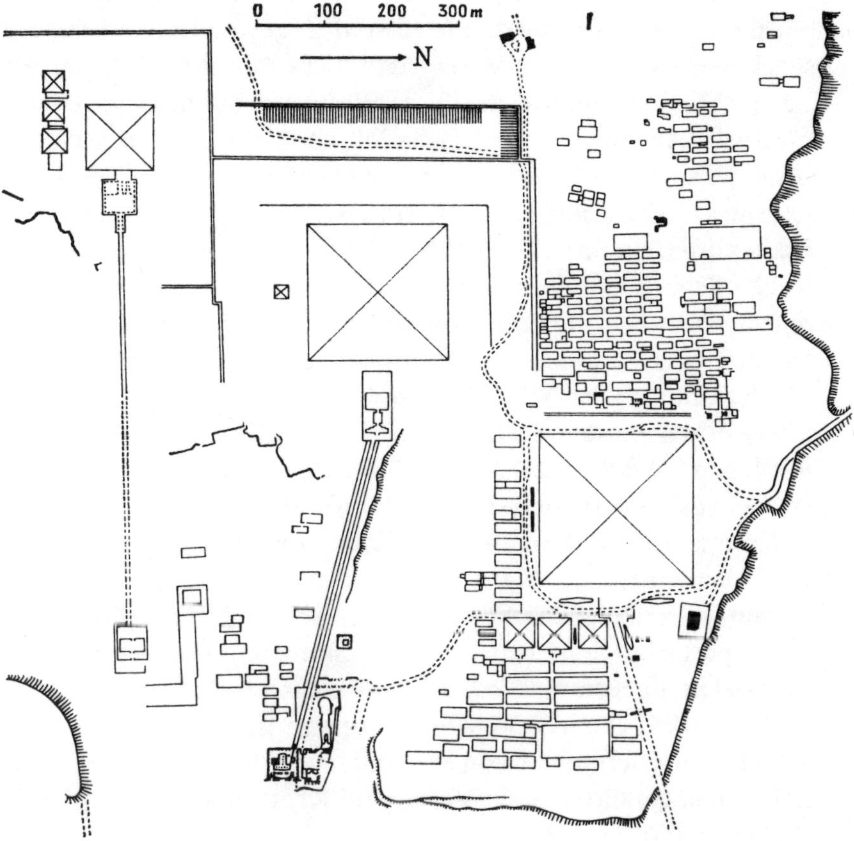

Das Pyramidenfeld von Gise mit den Pyramiden des Cheops, Chephren und Mykerinos, der Großen Sphinx (Mitte unten) und Mastaba-Anlagen

verriegelt, deren Oberfläche unbehauen war, um gewachsenen Fels vorzutäuschen. Von einem Oberbau, wie bei Schachtgräbern üblich, fand sich nicht die mindeste Spur. Lage um Lage wurde der Schacht ausgeräumt. In 9 Meter Tiefe stießen die Archäologen auf eine mächtige Steinplatte, die in die Westwand des Schachts eingelassen war. Als diese vermeintliche Tür der Grabkammer geöffnet wurde, tat sich eine Nische auf, die den Schädel und drei Beinknochen eines Ochsen barg, zwei Bierkrüge, Holzkohle und schwarze Basaltsplitter, die ohne Zweifel vom Bodenbelag des Totentempels der Großen Pyramide stammten. Ein wichtiger Hinweis: Der Schacht war also angelegt worden, als der Totentempel bereits vollendet oder zumindest im Bau war.

Tiefer drangen die Arbeiter, vom Rais Achmed Said angeführt. In Seilkörben wurden die Steine ins Freie befördert. In 12 Meter Tiefe lagen Tonscherben, in den Wänden zeigten sich gefährliche Risse, etwas tiefer fanden sich Teile von Kupfergeräten. Erst in einer Tiefe von 27 Metern war eine Wand von Blöcken, wie sie gewöhnlich aneinandergefügt worden waren, um eine Grabkammer für immer zu schließen. Am 7. März, nach dreizehn mühevollen Tagen, wurde der erste Block herausgenommen. Der Schein einer Kerze fiel in die Kammer. Alan Rowe, einer der Assistenten Reisners, bemerkte einen Alabastersarkophag und ein Gewirr vergoldeter Stäbe, Trümmer von Hausrat, von dem Gold in winzigen Schuppen abgeblättert war, Vasen und Krüge und Ringe . . . Sobald am andern Morgen die Sonne da war, stiegen die Entdecker zum zweiten Male hinab. Nun hatten sie Spiegel mit, durch die sie das Sonnenlicht in die Kammer lockten. Die einzelnen Dinge traten schärfer hervor.

Die vergoldeten Stangen auf dem Deckel des Sarkophags waren unverkennbar die Stützen eines zusammenlegbaren Baldachins. Den Boden der Kammer bedeckte abgeblättertes Gold; da lagen

Löwenfüße zweier Sessel, Armlehnen, alles mit goldenen Beschlägen, die Goldverkleidung von Truhen und anderen Möbeln, deren Holz vermodert war, Schmuck, Alabaster und Tongefäße, Matten und Flechtwerk, Krüge und Schöpflöffel aus Kupfer. Und als mit einem Feldstecher die wunderbar gearbeiteten Goldbeschläge untersucht wurden, fand sich der Name eines Pharaos. Die Inschrift hieß: ›Herr der beiden Kronen, Snofru . . .‹ Snofru war der König, der vor Cheops über Ägypten geherrscht und während seiner Regierung drei Pyramiden vollendet hatte, die eine Tagesreise weiter im Süden standen – in Daschur und Medum. Die Ausgräber sahen einander verlegen an: Snofru, der gewaltigste Pyramidenbauer aller Jahrtausende, sollte hier begraben sein und nicht in einer seiner Pyramiden? Das war undenkbar. Außerdem deuteten alle Grabbeigaben auf eine Frau hin, besonders Aufschriften auf Alabastergefäßen: ›Grüne Augenfarbe‹, ›Festlicher Duft‹, ›Feinstes libysches Salböl‹; auch die Fußspangen mit eingelegten Libellen aus Malachit, in Lapislazuli gefaßt.

Reisner war inzwischen aus Amerika zurückgekehrt. Auch für ihn war vieles unerklärlich. Zwischen Manikürgeräten, Kästen mit Kleidern und Stoffen fanden sich Kupfermeißel und andere Werkzeuge, wie sie zum Aushauen von Grabkammern Verwendung fanden. Was sollten diese groben Steinmetzgeräte inmitten des Hausrats einer Frau, der ein Pharao Geschenke mit ins Grab gegeben hatte? Was sollten vor allem Verputzbrocken und anderes Gerümpel, das offensichtlich aus einer anderen Kammer hier eingeschleppt war? In der Mauer, roh ausgehauen und unvollendet, zeigten sich Löcher, eilig mit Steinen zugestopft und so flüchtig verputzt, daß auf dem Verputz noch die Fingerabdrücke des Maurers zu sehen waren; da und dort Bauschutt; in einer Truhe Alabastersplitter vom Sarkophag . . . Hundert Anzeichen von Überstürzung – und nicht ein Hinweis auf Räuber; denn wohin auch der

Blick fiel, lag Gold und anderes Gut von unschätzbarem Wert. Die Forscher gingen daran, die Kammer auszuräumen – eine Arbeit, wie sie noch nicht geleistet worden war. Es war das erste unerbrochene Grab aus jener frühen Zeit, die man das Alte Reich nennt. Alles Holz war vom Schwamm zerfressen und teilweise zu grauer Asche geworden. Das Goldblech war zerbröckelt; in acht Schichten lagen die Plättchen übereinander. Von einem Brett aus, das dicht über dem Boden in die Kammer ragte, wurden die zum Teil winzigen Bruchstücke mit Pinzetten aufgenommen. Auf 1700 Bogen Papier entstand ein Verzeichnis der Teile und Teilchen, über tausend Fotos hielten ihre genaue Lage fest. Schließlich gelang es, aus den Trümmern den Baldachin, der zusammengesetzt eine geräumige Laube von 3 Meter Höhe ergab, zwei Armstühle, einen Tragsessel sowie zwei Truhen wiederherzustellen, Gegenstände von so großer Schönheit, wie sie in keinem anderen Grab bis auf den heutigen Tag gefunden wurden. So setzte es nicht in Erstaunen, als am 14. April der Mann auf dem schwebenden Brett goldene Hieroglyphen von einer zerfallenen Armlehne auf ein Tablett übertrug, die den Namen ›Hetepheres‹ ergaben. Hetepheres, das wußte man, war die Gemahlin des Snofru, Mutter des Cheops. Am 16. Dezember 1926 war die Ausräumung der Kammer abgeschlossen, nach 326 Tagen, die Männer mit großer Erfahrung an Goldschüppchen, Holzfasern und Scherben gewendet hatten. In einer Nische war ein Schrein entdeckt worden, der in vier Fächern die wichtigsten Organe der Königin enthielt.

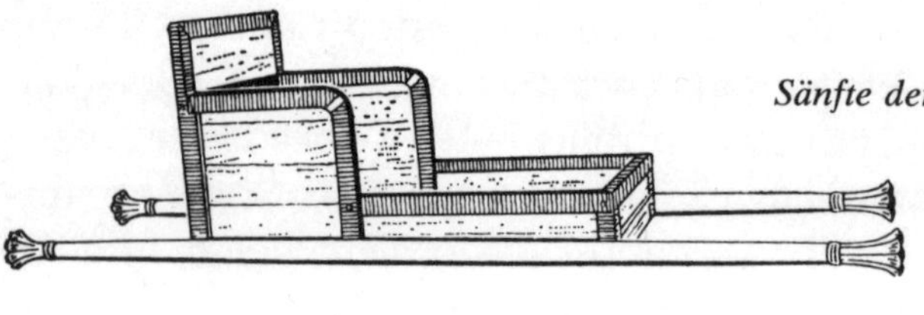

Sänfte der Königin Hetepheres

Sessel der Königin Hetepheres

Für den 3. März 1927 waren hohe ägyptische Beamte und namhafte Archäologen von Reisner eingeladen worden, der Öffnung des Sarkophags beizuwohnen. Als der schwere Deckel eine Handbreit angehoben war, zeigte sich das Unfaßbare – der Sarkophag war leer.

Reisner stand vor einem Rätsel. Wie konnte der Sarkophag beraubt sein, da der Zugang zur Kammer doch unversehrt war? Es gab keinen weiteren Schacht, durch den Unbefugte hätten eindringen können. Das Gemäuer im Schacht war unangetastet. Hier, im Schatten der Großen Pyramide, konnte der Sarkophag nicht erbrochen worden sein. Aber er war verletzt worden, das bewiesen die abgesprengten Splitter und – seine Leere.

Wo war der Frevel geschehen? Reisner und seine Männer untersuchten von neuem jede Einzelheit. Manches scheinbar Nebensächliche bekam nun Gewicht: der Verputz, der nicht aus der Kammer selbst stammen konnte, die zurückgelassenen Maurer- und Steinmetzgeräte, die unvollendeten Wände der Kammer ... Es stimmte nachdenklich, daß die Kammer zu niedrig war, als daß man den Baldachin in ihr hätte entfalten können. In größter Hast waren die Möbelstücke in die Kammer geräumt, zusammen mit Bauschutt. Wer hatte zu dieser Übereilung getrieben, die sowenig zur Würde einer Frau paßte, die mit dem Erbauer von drei Pyramiden den Thron Ägyptens geteilt hatte?

Nachdem alle Untersuchungen abgeschlossen waren, rückte Reisner mit seiner Erklärung heraus: Vermutlich hatte Snofru seiner Gemahlin, die er zu Lebzeiten verlor, ursprünglich bei der Pyramide, die seine eigene Wohnstätte für die Ewigkeit werden sollte, ein Grab bereitet – in Daschur. Dort gibt es neben den Pyramiden Snofrus eine kleinere Pyramide, die sehr wohl das erste Grab der Hetepheres sein konnte. Nach Snofrus Tode bestieg Cheops den Thron. Er wählte für seine Pyramide den Wüstensockel von Gise, 20 Kilometer weiter im Norden. Die Totenstadt um Daschur lag nicht mehr unmittelbar unter den Blicken des lebenden Pharaos. Es mag sein, daß die Aufseher nachlässiger über sie wachten. Oder es war Bestechung im Spiel. Jedenfalls erbrachen Plünderer das Grab der Königsmutter, rissen die Mumie, in deren Umhüllung zweifellos die kostbarsten Grabbeigaben verborgen waren, aus dem Sarkophag, zusammen mit dem inneren Sarg, der möglicherweise aus Gold war, und ergriffen mit ihrer Beute die Flucht, anscheinend von Wächtern aufgestört. So blieb ein erheblicher Teil zurück. Den Oberpriestern der Totenstadt, die für die Unversehrtheit der Gräber verantwortlich waren, wurde der Frevel gemeldet. Sie sahen sich in einer peinlichen Lage. Es blieb nichts übrig, als dem Pharao zu gestehen, daß das Grab seiner Mutter erbrochen worden war. Aber offenbar wagten sie nicht, ihm die volle Wahrheit zu sagen. Die Zerstörung einer Mumie hatte in den Augen der alten Ägypter zur Folge, daß der Tote endgültig dem Tode verfiel und um sein Fortleben im Jenseits betrogen wurde. Im Glauben, seine Mutter vor dem Schlimmsten bewahren zu können, befahl Cheops, für sie ein zweites Grab in unmittelbarer Nähe seiner eige-

nen Pyramide anzulegen. In seinem Zorn über die Nachlässigen mag er eine nahezu unerfüllbare Frist gesetzt haben. Die Verantwortlichen atmeten auf. Aber die Angst, den König könne es danach verlangen, seine Mutter noch einmal zu sehen, trieb zu äußerster Eile. Sobald die neue Kammer notdürftig ausgehauen war, wurde alles verpackt, was die Plünderer zurückgelassen hatten. In der Hast geriet auch der Verputz aus der erbrochenen Kammer in die Kästen. Die neue Kammer, viel kleiner als die alte, wurde vollgestopft, der Schacht bis obenhin mit Mauerwerk gefüllt und sorgfältig verschlossen. Den Eingang tarnten die Hüter des Grabes so vollkommen, daß er fünftausend Jahre unentdeckt blieb.
So erklärte sich Reisner das Rätsel. Doch hat man weder in der kleinen Pyramide von Daschur noch sonstwo Anzeichen für das erste Grab der Hetepheres gefunden. Und vom Leben der Königin weiß man so gut wie nichts. Auch über ihren Sohn, den berühmten Cheops, wurde wenig bekannt. Von ihm blieb außer einer Statuette, so winzig, daß sie in einer Hand Platz hat, nichts übrig, außer der Großen Pyramide, die für ihn errichtet wurde.

Die zweite Geschichte

Auf der Suche nach Cheops

Die Cheops-Pyramide war bereits im Altertum ein begehrtes Reiseziel. Vor etwa 2500 Jahren hat sie der griechische Geschichtsschreiber Herodot besucht. Auch zu jener Zeit gab es schon Dragomane, und sie erzählten den Fremden, die das größte der Sieben Weltwunder sehen wollten, was sie von ihren Vätern wußten. Der Pharao, für den die Pyramide erbaut worden war, so sagten sie, war ein Tyrann, frech gegen die Götter, ein Bedrücker seiner Untertanen. Zwanzig Jahre hindurch zwang er sie zum Frondienst. Ein verborgener Kanal sollte Wasser des Lebens, den Nil, bis zur Pyramide heranführen – zu einer Insel, die tief im Felsen den Sarkophag trug, und darüber sollte ein Berg aus zweieinhalb Millionen Blökken aufwachsen, nur damit der Pharao ein sicheres Versteck für die Ewigkeit habe, für sich und seine unermeßlichen Schätze. Hunderttausend Menschen richtete der Gottlose Jahr für Jahr zugrunde, und die Arbeiter, die er dazu bestimmt hatte, die Pyramide von innen zu verschließen, begrub er lebendig. Die Rache ließ nicht auf sich warten. Schon bald nach seinem Tode machten Grabräuber den Tyrannen zum Habenichts, ja noch schlimmer: Sie verbrannten seine Mumie.

Soweit die Dragomane. Herodot nahm das für bare Münze. Andere glaubten nur die Hälfte. Lüstern nach Schätzen, bezweifelten sie, daß dem Pharao seine Reichtümer bereits entrissen seien; denn nirgendwo war die Spur eines Einbruchs zu finden.

Der erste, der die Pyramide vor aller Augen öffnete, war der Kalif Al Mamun, der Sohn Harun al Raschids, des Kalifen aus Tausendundeiner Nacht. Auf seinen Befehl rückte im Jahre 820 n. Chr. ein Aufgebot von Baumeistern und Handwerkern an, um die Pyramide zugänglich zu machen.

In die Mitte der Nordwand, in Höhe der dreizehnten Steinschicht, brachen sie eine Lücke. Tag für Tag, Woche für Woche, Monat um Monat setzten sie den Quadern zu, und zwei Schmiede hatten vollauf zu tun, Meißel zu schärfen, bis sich am Ende alle Meißel als ohnmächtig erwiesen. Der Kalif ließ die Blöcke mit Flammen erhitzen und mit kaltem Essig übergießen, bis sie zersprangen. Doch tat sich kein Gang auf, keine Kammer. Die Pyramide blieb verstockt. Als der Stollen über hundert Fuß ins Gestein getrieben war, waren die Arbeiter einer Meuterei nahe. Da meldete sich die Pyramide zu Wort. Plötzlich fiel in ihrem Innern, nahe dem Stollenende, ein Stein. Es war abzuschätzen, woher der Schall gekommen war. Fieberhaft arbeiteten die Steinmetze weiter und gelangten in einen Gang, der anstieg. Sie zwängten sich hinein und verfolgten ihn zurück bis zum verborgenen Eingang, der seit Jahrtausenden nicht mehr geöffnet worden war. Den Block, der als geheime Tür diente, hoben sie aus den Angeln, in denen er drehbar aufgehängt war. Der Eingang befand sich in Höhe der achtzehnten Steinschicht, acht Meter ostwärts der Mitte. Das war die erste Finte, mit der die Pyramidenbauer Eindringlinge irrezuführen suchten. Als der Trupp des Kalifen weiter ins Innere vordrang, stieß er auf Granitquadern, die jeden Meißel abwiesen. Die Männer bahnten sich einen Umweg durch weichere Blöcke. Sie drangen in einen Gang, der sich teilte. Ein Arm führte waagerecht in eine Kammer, die leer war. Die Schatzsucher wußten nicht, daß sie sich nun genau unter der Spitze befanden, im Herzen der Pyramide. Sie sahen enttäuscht die nackten Steinwände an, wühlten mit ihren

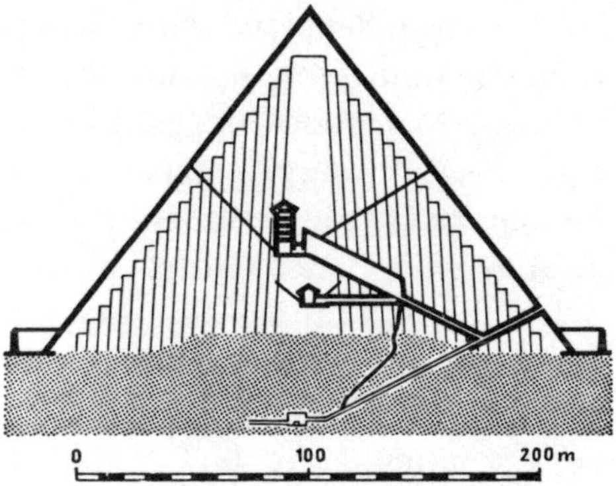

Längsschnitt Süd-Nord durch die Cheopspyramide

Meißeln Löcher in eine Nische, die sie in der Ostseite entdeckt hatten, und ließen schließlich die Hände von der Kammer. Enttäuscht wurden sie auch von der Halle, die weiter nach oben führte, einem schmalen, hohen Raum, von sieben vorspringenden Steinschichten überdacht, und ihre Erbitterung wuchs ins Maßlose, als sie durch eine Vorkammer in den granitenen Raum gelangt waren, in dem der Sarkophag stand: erbrochen, beraubt. Sie fühlten sich um den Lohn ihrer Mühen betrogen und rissen Teile des Bodens auf – vergeblich. Sie schlugen Löcher in die Wände. Die Königskammer gab weder einen Schatz noch ein Geheimnis preis. Noch einmal flakkerte Hoffnung in den Einbrechern auf, als sie auf einen engen Schacht stießen, unmittelbar hinter den Granitquadern, die sie umgangen hatten. Es war der ›Brunnen‹, der in die ›Höhle‹ einmündete. Auch in ihm gab es nichts zu entdecken. Die Pyramide hatte den Kalifen endgültig abgewiesen. Er kehrte nach Bagdad zurück und starb. Die Araber aber beschlich ein Grauen, das nie mehr ganz wich.

Tausend Jahre gingen hin. Übers Meer kam ein Kaiser, der Napoleon hieß. Er schlug die Mamelucken, die damals Ägypten beherrschten. Während seine Generäle die Pyramide bestiegen, errechnete der Kaiser, daß aus den Steinen der drei Pyramiden eine Mauer, 3 Meter hoch, um ganz Frankreich gezogen werden könnte. Eine Überprüfung gab ihm recht: Allein die Steine der Großen Pyramide, zu Quadern von ein Fuß Stärke zugehauen, ergäben aneinandergelegt einen Gürtel von der Länge des Äquators. Mit Napoleon begann für das alte Ägypten eine neue Zeit. Die Männer, die nun in die Pyramide eindrangen, suchten nicht mehr nach Schätzen. Sie wollten hinter die Geheimnisse kommen, die Cheops bewegt hatten, als er die Pyramide bauen ließ. Die äußeren Maße standen sehr bald in etwa fest. Diese aufstrebenden Dreiecke, die als ungeheure Treppen über den Himmelsrand ragten und bei den Ägyptern Achet Chufu, ›Horizont des Cheops‹, hießen, hatten sich vor Verlust der Spitze und des Steinmantels bis zu einer Höhe von 146 Metern erhoben und waren nun immer noch 137 Meter hoch. Die Grundlinien maßen auf jeder Seite etwa 227 Meter und zeigten genau nach Nord, Süd, Ost, West.

Noch aber galt es, das Innere zu ergründen. Ein englischer Konsul namens Davison, der nicht glauben konnte, daß es außer den drei bisher entdeckten Kammern keine weiteren geben sollte, kam auf die Idee, die Pyramide selbst um Rat anzugehen. Er stand in der Königskammer und rief . . . Die Pyramide gab Antwort. Von oben her kam ein Echo. Dort also mußte ein Hohlraum sein. Davison ließ eine Leiter holen und Arbeiter, die durch den obersten Teil der Stirnwand der Galerie eine Öffnung brechen sollten. Er stieg als erster hoch und – sah, daß es die von ihm geplante Öffnung bereits gab. Er schob sich in eine niedere, etwa 7 Meter lange Kammer. Sie war leer.

Vierzig Jahre später kam ein Kapitän aus Italien und hauste einige Zeit in Davisons Kammer. Mit ihm tat sich ein englischer Oberst zusammen, und dieser entdeckte vier weitere Kammern, indem er von Davisons Kammer aus einen senkrechten Schacht hochtreiben ließ. Auch diese vier Kammern waren leer. Doch fand der Oberst in einer der Kammern den Namen ›Chufu‹. Und auch der Zweck der Kammern wurde bei näherer Untersuchung deutlich. Sie dienten zur Entlastung der Königskammer, damit diese nicht von den ungeheuren Steinmassen erdrückt wurde. Wie Berechnungen ergaben, hätte eine Kammer genügt; die Alten hatten sich für fünffache Sicherheit entschieden.

Eine weitere Entdeckung gelang 1872 einem Ingenieur namens Dickson. Er fand, daß von der mittleren Kammer, die man irrigerweise ›Kammer der Königin‹ nannte, zwei enge Luftschächte schräg nach oben führten. Ähnliche Luftschächte mündeten auch in die Kammer des Königs. Wozu hatten sie einst gedient? Verlangte die Mumie des Pharaos nach reiner Luft? Es gab Erklärer, die in der Pyramide ein Tyrannendenkmal oder ein Versteck für Schätze sahen; andere hielten sie für eine Sternwarte oder gar für einen der Kornspeicher, in denen Joseph Korn für die sieben mageren Jahre gehortet haben sollte, und schließlich gab es welche, die den Gang der Weltgeschichte bis ans Ende der Zeiten aus ihren Zahlenverhältnissen ablasen. Einer dieser Leute war von dem englischen Archäologen Petrie ertappt worden, als er einen Granitknauf heimlich zurechtfeilte, damit er für seine Vermessungen

Grabkammern in Gise, die Petrie als Wohnung dienten

stimmte . . . Petrie machte es sich nicht ganz so leicht. Er verfügte über Meßgeräte, auf die er sich verlassen konnte, über die nötige Geduld und – den Mut, in Gänge vorzudringen, in die ihm kein Araber folgen wollte. Er mußte Neger anwerben. Einige Male entging er um ein Haar dem Los, in einer Pyramide begraben zu werden. Nach zwei Jahren aber war die Aufgabe, die er sich gestellt hatte, gelöst: Das steinerne Wunder, das die Erbauer der Großen Pyramide mitten in der Wüste gewirkt hatten, war durch ihn ins volle Licht gerückt. Vieles an ihr war erstaunlich, ja unbegreiflich: Die Unstimmigkeiten der Seitenlänge waren so gering, daß sie ›mit einem Daumen zugedeckt werden konnten‹; zwischen die Fugen der Blöcke des Kalksteinmantels, soweit er noch vorhanden war, und der Granitverkleidung der inneren Kammern konnte nicht einmal ein Blatt Papier geschoben werden. Petrie entdeckte, daß der Gang, der von der untersten Kammer zum Ausgang führte, genau auf den Polarstern wies.

Im Polarstern sahen die Ägypter den Griff des heiligen Gerätes, mit dem der Mund der Toten, die zum Himmel aufstiegen, berührt und geöffnet wurde, auf daß sie weiterleben konnten. Kein anderer

Der Oberpriester Ptahhotep vor dem Opfertisch (Vorderseite)

Rinderherde wird durch Wasser geführt. Das Kälbchen auf der Schulter des Hirten lockt das Muttertier nach. Ein zweiter Hirt sucht die Krokodile durch Zauberformeln zu bannen. Grab des Ti in Sakkara (Rückseite)

Pharao hat den Ausgang seiner Pyramiden so unfehlbar der Mitte des Himmels zugewendet. Es gibt eine uralte Geschichte, von Leuten ausgedacht, in deren Augen Cheops ein Tyrann war. Sie erzählten, der Pharao habe einen Zauberer namens Dedi gerufen, von dem es hieß, er sei imstande, abgeschlagene Köpfe wieder aufzusetzen und die Geköpften weiterleben zu lassen. Cheops wollte die Probe mit einem Mann, der zum Tode verurteilt war, anstellen lassen. ›Aber doch nicht mit einem Menschen‹, verwahrte sich Dedi, und Cheops war einverstanden, daß statt des Mannes eine Gans geköpft wurde. Den Kopf legte Dedi in eine Ecke des Raumes, den scheinbar leblosen Körper in die Ecke gegenüber, murmelte seinen Zauber, und die kopflose Gans watschelte auf ihren Kopf zu, halste ihn sich auf und schnatterte, als sei nichts weiter geschehen. Ähnlich geschah es mit einer Kuh. Der Pharao gab sich zufrieden. Der Zauberer hatte ihn belehrt, daß auch ein zum Tode Verurteilter ein Mensch ist, der nicht für einen derartigen Versuch mißbraucht werden darf. Cheops sah das ein. Welcher wahre Tyrann aber ließe sich eine Lehre erteilen?

Petrie konnte auch nachweisen, daß der Gang, durch den der tote Pharao in seine Pyramide gebracht worden war, mit Granitblöcken von innen verriegelt wurde – endgültig! Und trotzdem gab es für die Arbeiter, die diese letzte Aufgabe in der Pyramide ausgeführt hatten, eine Möglichkeit, ins Freie zu kommen: durch den ›Brunnen‹ und den Gang, der auf den Polarstern deutet.

Die zweieinhalb Millionen Blöcke der Pyramide, das wissen wir heute, waren sämtlich bei Assuan gebrochen, über 700 Kilometer weit den Nil herabgeschafft und auf einer ungeheuren Rampe vom Nilufer bis zur Pyramide geschleift worden. Eine harte Arbeit – doch die Menschen, die sie taten, sangen dabei. Mit jedem Block glaubten sie, nicht nur zu ihres Pharaos, sondern auch zur eigenen Unsterblichkeit beizutragen. Das geht aus dem hervor, was die alten Ägypter aufschrieben. Freilich blieben diese Schriften sehr lange ein ›Buch mit sieben Siegeln‹. Erst als es möglich wurde, die Hieroglyphen zu entziffern, waren tiefere Einblicke in das Leben der Pharaonen und ihrer Welt möglich.

Die dritte Geschichte

Entzifferer der Hieroglyphen

Mit Napoleon, der Ägypten erobern wollte, kam eine Schar von Gelehrten ins Nilland. Sie waren hingerissen von den Wunderdingen, die ihnen auf Schritt und Tritt begegneten. Eine unübersehbare Ausbeute an Altertümern brachten sie nach Frankreich mit. Der größte Teil davon kam allerdings, als Napoleon endgültig abtrat, nach England. Aber nun waren die Denkmäler und Aufzeichnungen Forschern aus aller Welt zugänglich. Die Arbeit konnte beginnen. Unter den Bruchstücken war ein beschriebener Stein, groß wie eine Tischplatte, eine Tafel aus schwarzem Granit. Ein Soldat, dessen Name vergessen ist, war auf den Stein gestoßen, als er beim Ort Rosette, nahe der Mündung des westlichen Nilarmes, zu Schanzarbeiten eingesetzt war. Der Soldat machte seinen Offizier, den Leutnant Boussard, auf die eingemeißelten Zeichen aufmerksam, und Boussard konnte das untere Drittel der Zeichen lesen. Es waren griechische Buchstaben. Die beiden anderen Drittel des Steins aber blieben stumm. Viele Gelehrte bemühten sich um die Entzifferung des Textes.

Erst dreiundzwanzig Jahre später, 1822, fand Champollion den Schlüssel, mit dem der Stein aufgeschlossen werden konnte. Ein Obelisk war gefunden worden, der ebenfalls einen griechisch-hieroglyphischen Text trug. Es hört sich einfach an: Die griechischen Texte, die offensichtlich das gleiche besagten wie die Hieroglyphen, enthielten zwei Königsnamen, Ptolemäus und Kleopatra. Im Hieroglyphenteil waren zwei Zeichengruppen dadurch aus allen anderen herausgehoben, daß sie von einer Linie umzogen waren, einem flachen Oval. Wie ein Schild sah es aus – wie ein Schlüsselloch. Champollion steckte in das eine der beiden Schlüssellöcher den Namen Kleopatra, in das andere den Namen Ptolemäus; die Schlüssel paßten. Die Hieroglyphen entpuppten sich, was niemand für möglich gehalten hatte, als Buchstabenschrift, die sich aus Bildzeichen entwickelt hatte.

Wer die Zeichen, die da standen, wörtlich nahm, der geriet in ein Dickicht. Es war nötig, das gleiche Zeichen so oft aufzuspüren, bis sich durch Vergleiche eindeutig der richtige Sinn ergab. In späterer Zeit verwendeten die Ägypter Deutzeichen, die das Verständnis erleichterten. Eine ›Priesterschrift‹, das Hieratische, und eine ›Volksschrift‹, das Demotische, wurden entwickelt – Kurzschriften zu den Hieroglyphen. Alle drei Formen waren für den Eingeweihten ohne weiteres lesbar. Aber für einen, der mit europäischen Augen sah und europäische Gedanken im Kopf hatte, war es nahezu aussichtslos, den eigentlichen Sinn zu erfassen. Es mußte einer kommen, der dafür geboren war und mit den Augen eines Ägypters las.

Ende des Jahres 1790 erblickte in einem kleinen französischen Ort, der im Schatten des Gebirgsstocks der Auvergne liegt, ein Kind das Licht der Welt, das die gelbe Hornhaut besaß, die gewöhnlich nur Orientalen aufweisen. Sein Schädel war wie der eines Ägypters geformt. Seine Mutter, Frau eines Buchhändlers, lag zu Anfang des Jahres gelähmt danieder, von den Ärzten aufgegeben. Ihr Mann wandte sich in seiner Verzweiflung an den ›Zauberer‹ Jaqou. Dieser ließ die hoffnungslos Erkrankte auf erhitzte Kräuter legen, sagte rasche Genesung voraus und, was noch mehr in Erstaunen setzte, die Geburt eines Sohnes, dessen Ruhm Jahrhunderte überdauern werde. Drei Tage später stand die Frau auf, und

Zwei Königsnamen:
Ptolemäus und Kleopatra

am 23. Dezember früh zwei Uhr kam François Champollion zur Welt – in die Revolution geboren. Als das Kind das Laufen lernte, wurde auf dem Platz vor dem Haus der Freiheitsbaum gepflanzt, um den der Jubel der Revolutionsfeste tobte und die Unglücklichen zusammengetrieben wurden, die sich ›dem neuen Kult‹ widersetzten. Der Vater hielt jahrelang zwei Geistliche versteckt. Ihnen verdankte der Junge manche Kenntnisse. Die Schulen waren geschlossen. Champollion war ein Kind, das früh eigene Wege ging und oft mitten aus lärmendem Spiel weglief. Eines Sommertages fand man den Dreieinhalbjährigen während eines heftigen Gewitters auf dem Hausboden, wo er »einer Mauerschwalbe gleich in dem offenen Raum zwischen zwei Steinpfeilern kauerte und mit ausgebreiteten Armen in der gefährlichsten Stellung verharrte, um von dem Feuer des Himmels ein wenig für sich aufzufangen«.

Der Kamin im alten Haus trug ein Wappen mit zwei Löwen. Eines Abends sagte der Fünfjährige, dessen Gesicht vom Widerschein des Kaminfeuers glühte: »Hier ist ein Löwe mehr.« – Die letzte Silbe seines Namens, Lion, hatte ihn darauf gebracht. Sehr bald bewies er, daß Löwenmut in ihm steckte. Als er eines Tages sah, wie der Stadtpräfekt einen Bettler mit seinem Stock stieß, trat der Junge dem Allgewaltigen in den Weg und rief: »Böser Stock, tust, was der böse Mann will, und solltest *ihn* doch prügeln!«

Um diese Zeit brachte das Kind aus einem Meßbuch sich selbst das Lesen bei – der erste Entzifferungsversuch, der ihm glückte. Seine Lebensaufgabe aber ging ihm erst in Grenoble auf, wohin der ältere Bruder ihn holte. Dieser hatte mit acht Jahren seine Schwester unterrichtet; nun, mit sechzehn Jahren Stadtsekretär von Grenoble, sorgte er für eine gründliche Ausbildung des kleinen François. Der Junge, der sich lediglich mit Mathematik nicht anfreunden konnte, tat sich in allen Fächern um, fing Schmetterlinge und Käfer und legte Herbarien an, schrieb seine beiden ersten Bücher »Geschichte berühmter Hunde« und »Über die Namen von Riesen«, lernte Koptisch, Arabisch, Sanskrit, Hebräisch, Syrisch, Chaldäisch, die Schriften Chinas und Mexikos und die nordischen Runen. So war er vorbereitet, als er auf die Hieroglyphen stieß.

1802 zog in Grenoble ein neuer Stadtpräfekt ein, der Physiker und Mathematiker Fourier. Der ältere Champollion war häufiger Gast im Hause dieses Mannes, der Napoleon auf dem Zuge nach Ägypten begleitet hatte und dort Mittelpunkt des Gelehrtenkreises gewesen war. François war zwölf, als er ihm zum erstenmal begegnete. Und dabei war es, daß der Junge, von Hieroglyphen magisch angezogen, ausrief: »Ich werde sie entziffern!«

Von diesem Tage an war er verändert. Er bemalte die Ränder seiner Schulhefte mit Hieroglyphen und schnitzte Hieroglyphen in die Schulbank. Vier Tage, nachdem er die Schule verlassen hatte, reichte er der Akademie sein Buch ein: »Das Ägypten der Pharaonen«. Nachdem er die Einleitung vor den Gelehrten gelesen hatte, erhob sich der Präsident und nahm den Siebzehnjährigen in die Akademie auf. Zwei Jahre später erhielt Champollion einen Lehrstuhl. Er war der jüngste Professor Frankreichs.

Beharrlich rang er mit der Pharaonenschrift, bis ihm am 30. August 1808 der erste, im Jahre 1822 der entscheidende Schritt gelang. Zu jener Zeit war er ein Verbannter. Napoleon hatte während der hundert Tage, in denen er noch einmal sein Glück versuchte, den älteren Champollion zu seinem Privatsekretär gemacht, und als beim endgültigen Sturz des Korsen das Land von ›Unzuverlässigen‹ gereinigt worden war, hatte man sich im Falle Champollions an den Namen, nicht an den Mann gehalten.

Als Champollion einige Jahre später nach Ägypten kam, wurden die Tempel- und Grabwände und Papyrusrollen für ihn zu unerschöpflichen Fundgruben. Er führte eine kleine Schar von Forschern; Tempel und Gräber zogen sie an, als seien sie Heimgekehrte. Im Mondschein drangen sie durch Palmengehölze und Dornengesträuch bis zum Tempel von Dendera vor, zündeten in seinem Inneren ein Feuer aus dürrem Gras an, gerieten beim Anblick der Bilder und Inschriften außer sich und kehrten mit anbrechendem Tag zu den Nilbooten zurück, auf denen sie bis ans Südtor des alten Ägypten, Wadi Halfa, vorstießen. In Theben und im Tal der Könige eröffnete sich ihnen eine versunkene Welt. Champollion arbeitete vom frühen Morgen bis tief in die Nacht. Manchmal fanden ihn seine Gefährten bewußtlos über Papieren, die mit kopierten Texten bedeckt waren.

Nach Frankreich zurückgekehrt, blieben ihm nur noch eineinhalb Jahre. Als Schüler hatte er einmal gefordert, es sei nötig, Ägypten durch die Ägypter zu erklären. Kein Sohn des Nillandes hat zur Erfüllung dieser Aufgabe mehr beigetragen als er, der in Frankreich geborene Ägypter. Und doch gab es bis über seinen Tod hinaus Fachgelehrte, die ihn verdächtigten, er verleite andere auf Irrwege. Dabei wurde Jahr für Jahr die Schar der Forscher, die seine Bahn einschlugen, größer. Unter ihnen gibt es Männer, die neben Champollion genannt zu werden verdienen, Gelehrte verschiedener Nationen. Manche taten ihre ersten Schritte auf der Bahn der Archäologen so früh wie der ›Ägypter‹.

Heinrich Brugsch besuchte noch das Gymnasium, als er Alexander von Humboldt, dem größten Gelehrten und Weltfahrer seiner Zeit, seine Grammatik der demotischen Schrift vorlegte. Durch eine Hintertür, da der Zutritt für Kinder nur in Begleitung Erwachsener erlaubt war, hatte sich der Junge in die Ägyptische Sammlung in Berlin eingeschlichen. Der Museumsdiener, der alte

Pahl, hatte ihn ertappt, wie er die geheimnisvollen Zeichen, die in manche Steine geschlagen waren, abgemalt hatte. Die beiden waren Freunde geworden, der Junge wurde täglicher Gast. Der Direktor des Museums führte Brugsch in seiner Wohnung, die einer Räuberhöhle glich, in die Welt der Pharaonen ein. Einmal fiel ein Mäusenest mit fünf jungen Mäusen von einem Deckenbalken auf die Hieroglyphen. Brugsch lernte bis in die Nacht, und manchmal fuhr er aus dem Schlafe hoch, kritzelte, was er geträumt hatte, auf ein Blatt Papier, schlief erschöpft wieder ein und sah am Morgen erstaunt, daß ihm eine Lösung im Traume zugefallen war. In Ägypten hauste er mit dem Begründer des Museums in Kairo, Mariette, in Kammern, in die Schlangen und Skorpione zu Besuch kamen. In Theben teilte er sich mit dem alten Graubart Timsach, dem ›Krokodil‹, in einen kleinen Tempel, in dem eine Wand bei Aufgang der Sonne einen Ton hören ließ, als schlage eine Uhr. Da das Reisegeld bis auf den letzten Heller aufgezehrt war, fristete Brugsch sein Leben mit Linsen, Bohnen, Zwiebeln, Durrabrot, Datteln und gelegentlich mit einem Huhn, das ihm das ›Krokodil‹ mitbrachte. Er lebte von Hieroglyphen – für ihn waren die Steine ergiebig.

Unter den überragenden Forschern, die aus England kamen, hat keiner länger ausgeharrt und früher begonnen als Flinders Petrie. Siebzig Jahre lang, bis 1942, forschte dieser Mann. Seiner Lebensaufgabe war er mit zwölf Jahren so sicher, als hätten die Steine selbst es ihm gesagt. Von seinem Vater, dem Halbheiten derart zuwider waren, daß er »lieber im Regen stehen, als sich in ein Haus setzen wollte, an dem ein Ziegel fehlte«, hatte der Junge, der in der Schule kläglich versagte, gelernt, Land zu vermessen und bei Ausgrabungen so genau zu sieben wie ein Goldwäscher. War er getadelt worden, verabreichte er sich selbst drei Schläge und versäumte auch niemals, hinterher pflichtschuldigst zu brüllen. Mit zehn Jah-

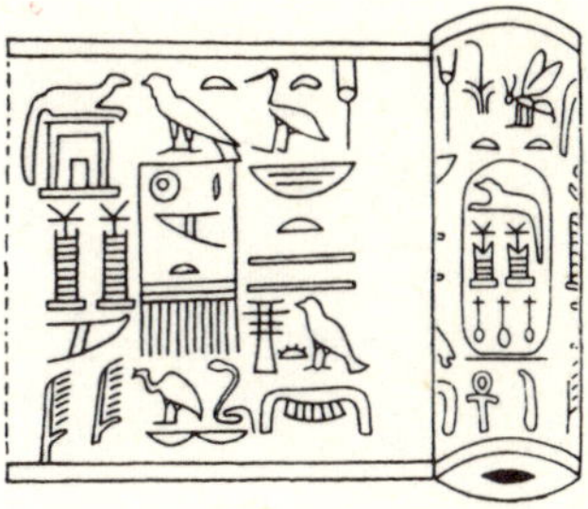

Siegelzylinder des Mittleren Reiches mit abgerollter Inschrift

ren hatte er sich des Lateinischen, Griechischen und Französischen bemächtigt. Er war zwölf, als ihm ein Junge von einer Ausgrabung auf der Insel Wight erzählte. Flinders ließ es sich genau schildern und erfuhr, daß es sich um die Reste eines Landhauses aus der Römerzeit handelte, die mit einer Eile freigelegt wurden, als sei eine Schutthalde in kürzester Zeit abzutragen. Flinders, entsetzt über die rohe Ausschaufelung, verlangte, die Erde müsse Zoll um Zoll abgetragen werden, regelrecht abgeschabt, damit auch die unscheinbarsten Scherben auf ihrem Platz blieben. Scherben waren zeitlebens seine Wegweiser. Mit Hilfe von Scherben, die er in Abydos zusammenlas, gelang ihm die Entdeckung von neunzehn Königsnamen der Frühzeit. Mit einem Schlage fiel Licht auf vier Jahrhunderte früher ägyptischer Geschichte, die vorher in völliges Dunkel gehüllt waren. Nun begann aufzudämmern, wie das Alte Reich entstanden, wie es dazu gekommen war, daß Pyramiden aus der Wüste wuchsen. Freilich – von Anfang an könnte die Geschichte nur einer erzählen: Der Nil. Er legte in die größte Wüste der Welt den Streifen fruchtbarer Erde, der zum Lande der Pharaonen wurde.

Die vierte Geschichte

Vom Alten Reich

Die frühen Ägypter sagten für Süden ›stromauf‹, für ihr Land ›die beiden Ufer‹, für Regen ›Nil vom Himmel‹ – so sehr bestimmte der Nil ihr ganzes Denken. Im Laufe der Jahrtausende hatte der Nil dem Meer, das ursprünglich tief ins Land reichte, das Delta abgewonnen. Jahr für Jahr legte die Flut Kemi, das Schwarze, auf dem etwas wächst, zwischen Doschre, das Rote, die ewig lauernde Wüste.

Der Nil macht die drei Jahreszeiten Ägyptens: Überschwemmung, Aussaat und Ernte. Zwei Drittel des Jahres haben seine Wasser eine Farbe, die aus dem Blau des Himmels, dem Gelb der Wüste und dem Grün der Felder gemischt ist. Im Sommer aber bricht er reißend und rot wie Blut zwischen den Pfeilern des Granittors bei Assuan hervor und erreicht im Oktober den höchsten Stand. Im alten Ägypten gab es Hunger, wenn der Nil nur um sieben Meter stieg – neun Meter dagegen bedeutete Gefahr für Dämme und Hütten. Hapi, der Nilgott, war ein Gott mit zwei Gesichtern.

Lange wagten die Menschen nicht, sich ihm zu nahen.

Die Spuren der ältesten Siedlungen finden sich auf den Höhen, den Strom entlang und am Deltasaum. Die Flußufer waren Sumpfstreifen, die Krokodilen und Nilpferden gehörten.

Die Menschen waren dort zu finden, wo Fährten auf festem Untergrund verrieten, daß es jagdbares Wild gab. Regenzeiten mach-

Reiseschiff des Alten Reiches. Vor der Kajüte der Schiffsherr, dem seine Schreiber Vortrag halten

ten die Steppe zum Paradies für Löwen, Ure, Wildesel, Antilopen, Strauße, Giraffen, Elefanten, Stachelschweine und Hasen.

Als der Regen spärlicher wurde, das Wild abwanderte und die Weidegründe anfingen zu versanden, rückten die Jäger an den Nil. Nun jagten sie Vögel und Fische, Wasserbüffel und Nilpferde. Sie bauten runde Hütten, in die sie durch ein Loch im Dach stiegen, über Stufen aus aufrecht gestellten Nilpferdschenkelknochen. Sie erfanden Netze und Angeln zum Fischfang. Mehr und mehr gelang es ihnen, aus dem Sumpf etwas zu machen, das sie ernährte und ihre Häuser trug. Aus Jägern wurden Züchter, Feldbesteller und Schiffer. Schiffsbilder an Felswänden, auf tausend Gefäßen berichten davon, daß der Mensch lernte, Schilfbündelboote und Barken aus Holz anzufertigen. Waren vorher Hunde und Waffen für die Jagd in die Gräber mitgegeben worden, so wurde der Tote nun mit kleinen Schiffen ausgerüstet, ohne Segel für die Fahrt stromab, mit Segeln für die Südfahrt. Brunnen wurden gegraben und Felder angelegt, auf denen Gerste, Weizen und Spelz, Bohnen, Lauch und Zwiebeln angebaut wurden, Flachs für Fasern und Öl. Mit Holzpflügen, Hacken und Sicheln taten die Bauern ihre Arbeit, Esel halfen die Ernte einbringen, Eselhufe traten die Körner aus den Ähren. Rinder und Schafe, Schweine, Ziegen und Tauben wurden gezüchtet, Enten, Gänse und Kraniche gemästet. Im baumarmen Land wurden Palmen und Tamarisken, Feigen und Granatapfelbäume, Wein und Sykomoren angepflanzt.

Der Nil, der Jahr für Jahr Ägypten überflutete, zwang die feindlichen Horden, statt Waffen Werkzeuge in die Hand zu nehmen, um gemeinsam Kanäle und Deiche anzulegen. Je mehr Stämme sich zusammentaten, desto leichter zähmten sie den Nil. Schließlich gelang es Königen aus dem Ältesten Land, dem Gebiet um Thinis, Nord und Süd zu vereinen.

König Menes, der Sieger, baute an der Stelle, an der Ober- und Unterägypten aneinandergrenzen, seine Residenz, die Weiße Mauer, später Memphis genannt. Menes gilt als der erste Pharao, der beide Kronen trug, die flache rote des Deltalandes und die hohe weiße des Südens. Sein Werk, die Vereinigung, blieb in den Augen der Ägypter eine so denkwürdige Tat, daß jeder der künftigen Herrscher sie bei seiner Thronbesteigung erneuerte. Um ihr Gedächtnis zu verewigen, wurde der Pharao ›Herr der beiden Länder‹ genannt, ›Träger der beiden Kronen‹, seine Residenz hieß ›Waage der beiden Länder‹, zwei Königsgräber wurden für ihn errichtet. Hoch über allen thronte er gleich einer Sonne auf Erden. Ihm kam es zu, den Nil zu lenken, auf daß er Leben bringe, nicht Tod. Er hatte Sorge dafür zu tragen, daß nicht die Wüste bis an den Nil reichte, sondern der Nil bis an die Wüste. Das war ein Amt, eines Gottes würdig. Des Königs Palast war der ›Horizont‹, seine Barke

Eselherde beim Dreschen (Altes Reich)

der ›Stern beider Länder‹. Er selber war das Große Haus – der Himmel, von dem das Gute für sein Volk ausging. Die alten Ägypter sahen im Pharao ein Wesen, das aus einer höheren Welt niedergestiegen war gleich denen, die vor ihm die Erde regiert hatten, die Götter. In Urzeiten, so glaubten die Ägypter, war die Sonne König der Nilländer gewesen. Und vorher?

> Als noch der Himmel nicht entstanden war,
> als noch die Menschen nicht entstanden waren,
> als noch die Götter nicht geworden waren,
> als noch das Sterben nicht geworden war?
> Da war der Eine und erschien auf seinem Thron,
> wie das Herz es ihm eingab, und leuchtete auf im Anbeginn,
> und die Welt lag im Schweigen vor seiner Höhe.
> Und er sprach das Wort in das Schweigen
> und tat den Wesen, die er schuf, ihre Augen auf,
> ließ jeden den Weg erkennen, der für ihn gemacht war,
> und machte die Herzen so, daß sie ihn sahen.

Von der Erde wurde erzählt, daß sie zu Anfang wüst und leer war, von Wassern bedeckt, wie die Ägypter es Jahr für Jahr im Sommer erlebten. Die Flut verlief sich, eine erste Anhöhe begann aufzutauchen, der herrliche Hügel der Urzeit. Im Schlamm dieses Hügels saßen acht Wesen und hüteten ein Ei, das zuoberst auf dem Hügel lag. Es brach auf, ein goldener Falke kam hervor und schwang sich zum Himmel. Von der Insel des Aufflammens erhob sich die geflügelte Sonne – das Dunkel über der Erde hatte ein Ende.

Von allen Göttergeschichten bedeutete den alten Ägyptern am meisten jene von Osiris, den sein Bruder Seth erschlug und der zu einem anderen Leben auferstand. Der Erdgott Geb und die Himmelsgöttin Nut hatten zwei Söhne, Osiris und Seth, und zwei Töchter, Isis und Nephtys. Isis und Osiris wurden ein Paar, auch Nephtys und Seth. Seht erbte die Wüste und den Himmel über ihr, Osiris den Nil und die Erde, die Früchte trug. Er wurde König über Ägypten und war ein so guter Herrscher, daß alle ihn liebten. Seth aber beneidete ihn und beschloß, ihn zu töten. Er ließ einen schö-

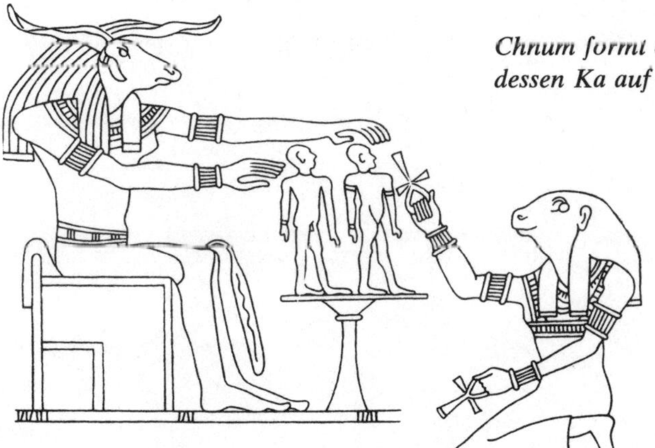

Chnum formt einen Menschen und dessen Ka auf der Töpferscheibe

nen Kasten machen, gerade groß genug für Osiris, der alle anderen überragte. Zu einem Gastmahl, zu dem Osiris ihn geladen hatte, brachte er den Kasten mit, dazu eine Schar von Verschwörern. Er versprach den Kasten dem, der genau hineinpaßte. Als Osiris es versuchte, schlug Seth den Deckel zu, und die Verschwörer warfen den Kasten in den Nil. Osiris ertrank und wurde vom Strom fortgetragen. Isis zog durch alle Länder, bis sie den toten Osiris fand. Da brach sie in Klagen aus: »Komm zu deinem Hause, du, dessen Herz stille steht! Die Götter und Menschen wenden dir ihr Gesicht zu. Ich rufe nach dir, daß man es bis in den Himmel hört!«

Da hüllte Anubis, der Gott an der Schwelle von Diesseits und Jenseits, den Leichnam in Mumienbinden und bestattete ihn. Isis aber gebar dem Osiris nach seinem Tode einen Sohn. Er hieß Horus. Da Seth ihm nach dem Leben trachtete, zog Isis ihn im Schilfdickicht des Deltas auf. Als er herangewachsen war, begegnete er dem Mörder seines Vaters. Es kam zum Kampf. Seth fiel, Horus verlor ein Auge. Dieses Auge aber legte Toth, der weise Gott, Osiris auf das Herz, und es wurde sehend, und Osiris erkannte, daß es ein anderes Leben gab.

Anubis

Narmerpalette (Schminktafel aus der Zeit der Ersten Dynastie)

Im Lande der Westlichen, in das die Menschen beim Tode einziehen, wurde der auferstandene Osiris König. Horus, der Lebende aber, übernahm die Herrschaft über Ägypten, und in Zukunft war jeder Pharao Lebender Horus, solange er die Kronen der beiden Länder trug, und wenn er in das Land der Westlichen einging, wurde er zum Osiris.

Auf einer uralten Schminktafel ist ein Falke zu sehen, der mit ausgestreckter Menschenhand die überwundenen Feinde am Zügel hält. Es ist der Lebende Horus, der auf Erden regiert, mit geheimnisvollen Kräften ausgestattet. Am Gürtel des Königs hängt ein Tierschweif, wie ihn die Häuptlinge der Vorzeit getragen hatten, wenn sie als Zauberer, in Tierfelle gehüllt, Tierbilder in dunklen Höhlen umtanzten, um Macht über die Tiere auf freier Wildbahn zu erlangen.

Namen oberägyptischer Gaue in Hieroglyphen: Horusthron, Nubierland, Schakalgau, Schlangengau, Doppelzeptergau, Gau der weiblichen Seele, Hasengau

Auf den frühesten Darstellungen haben die Standarten des Pharaos Hände, die nach den Schöpfen der Feinde fassen. Der König ist als wütender Löwe, als kämpfender Stier dargestellt, er kam aus einer unheimlichen Welt, in der jeder Schritt ungewiß war wie im Sumpf zu beiden Seiten des Nils. Aufgabe des Pharaonenvolkes war es, aus dem Sumpf Ägypten zu machen, ein wohlgeordnetes Land mit Kanälen, Feldern, Residenzen und Tempelbezirken, Wohnstätten für die Zeit und die Ewigkeit.

Die drohenden Wüsten, noch mehr aber der nie gleichbleibende Nil stachelten den Menschengeist an. Um das ganze Jahr Wasser für die Felder zu haben, mußten die Ägypter Dämme und Kanäle bauen, sie beobachteten die Sterne und lasen aus ihnen, wann die Flut beginnt. Sie lernten Felder vermessen, deren Grenzen der Strom jedes Jahr verwischte, lernten Schreiben und Rechnen und Einteilen: Gazellengau, Hasengau, Ältestes Land, Sykomorengau . . . In zweiundvierzig Gaue wurden die beiden Länder gegliedert. Kanalgräber, Deichbauer, Astronomen, große Schauende, d.h. Priester, Schreiber, Richter, Lehrer, Baumeister, Ärzte standen im Dienste des Königs. Jahr für Jahr erneuerte er den Bund, der mit dem Nil geschlossen war. Eine Schriftrolle, die den Strom an seine Pflichten erinnerte, wurde den Fluten übergeben, zusammen mit Opfern, die ihn freundlich stimmen sollten. Schiffe wurden gebaut, die den Nil hinab bis ans Meer fuhren, ja sogar über

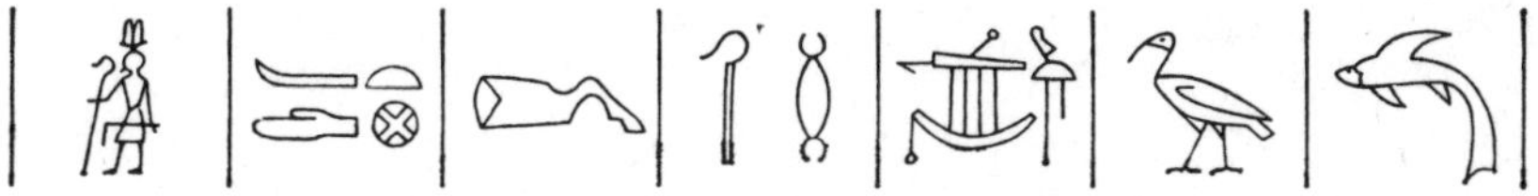

Bezeichnungen unterägyptischer Gaue in Hieroglyphen:
Busiris, Siebzehnter Gau, Zweiter Gau, das unversehrte Zepter, Harpunengau, Ibisgau, Spitze der Fische

das Meer, um Hölzer zu holen, Gold, edle Steine. Der Nil wurde zur Straße Ägyptens, neben der alle anderen Straßen von so geringer Bedeutung waren, daß dem Ägypter jahrtausendelang nicht in den Sinn kam, Wagen mit Rädern zu bauen. Von Booten ließ er sich und seine Habe tragen, Boote gab er den Toten mit, im Sonnenboot fuhr der Pharao über den Himmel.

Seine Häuser baute der Ägypter aus Nilschlammziegeln. Für Gräber und Tempel aber suchte er nach dauerhaftem Stein. Bei Tura wurde weißer Kalkstein gebrochen, bei Assuan roter und schwarzer Granit, in Mittelägypten gelbgemaserter Alabaster, im Hamamat schwarzer und grüner Basalt, Porphyr, Karneol, in der Nubischen Wüste graugrüner Diorit, im Sinai Türkis. Aus Stein entstanden Gefäße, Nilpferde, Fische, steinerne Bilder der Pharaonen und Edlen.

Immer sicherer wurde der Boden, auf dem der Ägypter sein Haus baute. Zwar hatte der Bauer im Nilland auch in jener Zeit hart zu arbeiten; drei Brote und zwei Krüge Bier waren seine Tageskost. Nur ein guter Nil hielt den Hunger von ihm fern. Aber er war doch bei weitem nicht mehr so vielen Gefahren ausgesetzt wie der Jäger der Vorzeit, der nur seine Horde als Rückhalt hatte.

Das Volk der Pharaonen fühlte sich in der Mitte aller Völker. Verächtlich blickten die Ägypter auf Nubier, Libyer und Asiaten herab und hielten sich allein für – Menschen. Ihre Könige waren

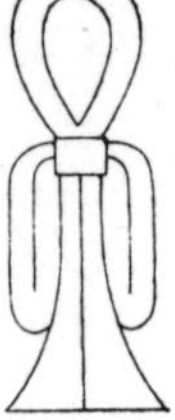

Isis-Zeichen

Söhne der Sonne, in deren Hand die Ordnung der Welt gelegt war. Thot, der weise Gott, hatte die Könige den Kalender gelehrt. Das Jahr begann mit dem Tag, an dem der Sothisstern, den wir Sirius nennen, zum ersten Male wieder früher als die Sonne am Himmel erschien. Darin sahen die alten Ägypter einen Wink des Himmels, daß der Nil steigen werde. Vierzig Tage stand die Flut, dann begann das Wasser zu sinken. Am 26. Tag im vierten Überschwemmungsmonat gab der König das Zeichen zum Beginn der Aussaat. Apis, der heilige Stier, wurde um die Residenz, die Weiße Mauer von Memphis getrieben, um die Felder fruchtbar zu machen. Die Menschen sangen, sie trugen Zwiebelkränze um den Hals. Vier Monate später schnitt der Pharao das erste Büschel Getreide. Er wachte darüber, daß der Wille der Götter auf Erden geschah, er war der Hüter der Gerechtigkeit, die von den Ägyptern Maat genannt wurde. Der Pharao war Lebender Falke und Starker Stier und Stern im Lichtland. Auch dann noch, wenn er ins Land der Westlichen eingegangen war, lenkte er die Blicke der Götter auf sein Volk. In den Anfängen war der Grabbau der Könige ein einfaches Haus oder ein Hügel. In der Dritten Dynastie aber geschah etwas Unerhörtes: Ein Baumeister, der Imhotep hieß und zugleich höchster Priester und Berater des Königs war, erbaute für den Pharao sechs Hügel übereinander, einen Sonnenthron, zu dem sechs Stufen emporführten: die erste Pyramide. Er baute sie aus steinernen weißen Quadern. Zu Lebzeiten hatte der Pharao in einem Palast aus vergänglichen Schlammziegeln, Hölzern und Schilfmatten regiert. Der ewigen Residenz, die Imhotep für König Djoser aufführte, vermochten weder die Wüste noch die Flut des Nils etwas anzuhaben. Sie war unvergänglich wie die Seele und das Wesen des Königs.

Von Imhotep wird erzählt, er habe dem Pharao die Quellen des Nils verraten und das Geheimnis, ihn zum Steigen zu bringen. Ihm wird zugeschrieben, daß er dem Jahr der Ägypter, das 360 Tage zählte, fünf Schalttage anfügte, die Geburtstage der fünf Kinder von Himmel und Erde: Seth und Nephtys, Osiris und Isis und Horus. Noch Jahrtausende später war sein Andenken so lebendig, daß die Griechen, als sie nach Ägypten kamen, ihn mit dem Gott der Heilkunst gleichsetzten. Er ist der einzige, dessen Name jemals auf der steinernen Statue eines Pharaos verewigt wurde.

Mit Imhotep begann die Zeit der Pyramidenbauer. Entlang der Wüste im Westen wurden nun jene wunderbaren Berge errichtet, die unser Staunen erregen. Diese Gipfel, vom erwachten Menschengeist ersonnen, hoben sich in den Himmel, um die Sonne zu erinnern, wo ihre Söhne auf Erden herrschten. In den Pyramiden erhöhte das Volk seinen Pharao und im Pharao sich selbst. Dieser Glaube war es, der diese Sonnenthrone entstehen ließ.

Viermal wurde der Bauplan der Djoser-Pyramide geändert, ehe die sechs ›Bänke‹ sich über einem Fundament von 137 mal 125 Meter erhoben.

Die Grabkammer für Djoser legte Imhotep in einer Tiefe von 30 Metern an. Er ließ sie mit Assuangranit auskleiden und mit einem Granitblock, dreieinhalb Tonnen schwer, versiegeln. Unter der Pyramide schuf er ein Labyrinth von Gängen und Räumen, eine unterirdische Residenz, deren Wände aus Fayence-Kacheln gebildet waren – Schilfmatten für die Dauer. Es gab ein Südgrab, in dem offenbar die inneren Organe des Königs beigesetzt worden waren. Der König hörte bei seinem Tode nicht auf, für das Land zu wirken – so dachten die frühen Ägypter. In ihren Augen war es von größter Bedeutung, daß am Herrscher, der auf dem Pharaonenthron saß, keine Schwäche war. Nach dreißigjähriger Regierungszeit mußte jeder König erweisen, daß er noch Kraft genug hatte, sein Volk zu lenken. Dann wurde das Erneuerungsfest begangen, die Hebsedfeier, die ihre Wurzeln in einem uralten Brauch hat, der bei manchem afrikanischen Stamm bis in die Gegenwart fortlebt: Verlor der König seine Rüstigkeit, wurde er getötet und durch einen neuen Herrscher ersetzt, auf daß nicht das ganze Volk schwach werde. Beim Hebsed wurde die Verjüngung in einer höheren, unblutigeren Form vollzogen. Dazu fanden sich alle Gaugötter ein, alle Großen des Reiches, und vor ihnen bekundete der König durch einen Lauf seine Befähigung, die Zügel der Herrschaft weiterhin in seinen Händen zu halten. Nach seinem Tode aber regierte der Pharao für ewige Zeiten in der für ihn erbauten Pyramide. An seiner Unsterblichkeit hatte auch sein Volk teil, vor allem jene, die auch zu Lebzeiten dem Pharao nahestanden.

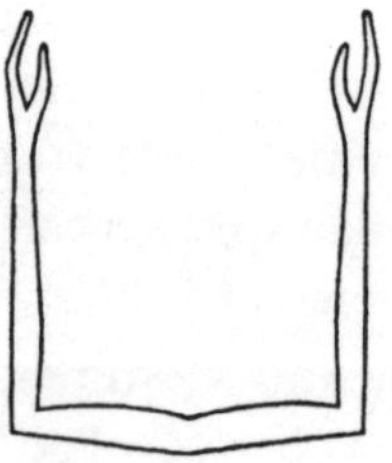

Zeichen für Ka

Die fünfte Geschichte

Zu Besuch bei hohen Herren

Je näher einer dem König stand, desto beträchtlicher war der Aufwand für sein Grab. Für die Würdenträger wurden ewige Wohnungen von einer Schönheit errichtet, mit der die Häuser, in denen sie zu Lebzeiten wohnten, nicht wetteifern konnten. Das Wunderbare an diesen Gräbern ist, daß sie angefüllt sind mit Leben. Man sagt gewöhnlich: verschwiegen wie ein Grab. Diese Gräber aber reden. Sie erzählen,wie die alten Ägypter gelebt haben. Die Wände sind über und über mit Bildern bedeckt, in denen das Leben der hohen Beamten, der Handwerker und Hirten, der Künstler und Bauern verewigt ist. Die Grabherren wollten weiterleben und das Gewohnte um sich haben.

Gewöhnlich nimmt ein Bild des Grabherrn den größten Teil einer Grabkammerwand ein. Wie er auf seinem löwenbeinigen Sessel thront, wie er das Haupt trägt und die Hände hält, verrät deutlich genug, daß er sich seiner Würde bewußt ist. Außer dem Schulterkragen und Knieschurz trägt er ein Leopardenfell, wie es Oberpriestern zusteht. Die Liste seiner Ämter ist lang. Und sein Anteil an der Fülle der Freuden, die durch den Pharao im Nillande bewirkt werden, könnte nicht größer sein, denn kaum einer steht dem Pharao näher als der oberste Priester. Er heißt Ptahhotep.

Die rechte Hand streckt Ptahhotep nach dem Tisch aus, der vor ihm steht, überladen mit köstlichen Dingen: gebratenen Gänsen, Fischen, Kuchen, Schinken und verdeckten Schüsseln. Mit der Linken hebt er ein Salbgefäß an die Nase, das die Bezeichnung ›Allerfeinstes Festgeruchsöl‹ führt. Unter dem Tisch stehen weitere Vorräte bereit, auch Früchte und Blumen.

Ein benachbartes Grab gehört einem Mann, der höchster Beamter seines Königs gewesen war. – Sein Tag beginnt. Diener beeilen sich, ihn zu bekleiden. Einer setzt ihm mit größter Sorgfalt eine Perücke auf, die dem Gesicht einen würdigen Rahmen gibt. Ein anderer kümmert sich um die Füße, ein dritter um die Kleider. Vier Zwerge sind dabei, den Halskragen, ein wichtiges Abzeichen seines Ranges, zu ordnen. Der Vorsteher des Zwingers steht hinter seinem Herrn und hält dessen Lieblingsaffen und drei Hunde an Leinen. Zwölf Beamte, deren Haltung Emsigkeit verrät, warten auf die Anweisungen ihres Gebieters. Der, dem es geglückt ist, sich ganz vorn aufzustellen, überreicht eine Papyrusrolle. Im Hintergrund machen Harfen- und Flötenspieler Musik, und der Obervorriecher prüft, ob der Duft der Früchte, die auf die Frühstückstafel kommen sollen, auch köstlich genug für den hohen Herrn sein wird. Alles ist darauf abgestimmt, den Wesir in gute Laune zu versetzen. Man redet ihn mit der langen Litanei seiner Titel an, legt ihm Listen mit schwindelerregenden Aufzählungen seiner Besitztümer vor: Zehntausende von Ochsen, Gazellen, Geflügel, Bierkrügen, Broten. Diener schleppen Leinwandballen, Sandalenbündel, volle Kästen, Schminke herbei, auch Weihrauch, der, in Wolken aufgehend, eine Brücke zum Himmel bildet. Die Seligkeit aber liegt in den irdischen Dingen beschlossen. Zärtlich hält ein kleines Mädchen Blumen hoch. Am liebsten ruht das Auge des Herrn indessen auf seinem Sohn, der, ein Kind noch, bereits zwei Binsenfedern hinter das Ohr gesteckt hat, für rote und schwarze Tinte, und eine Papyrusrolle in der Hand trägt – ein kleiner Schreiber, in der hohen Kunst der Hieroglyphen schon ein wenig bewandert, der Stolz seines Vaters.

Nachdem das Tagewerk für die Beamten begonnen hat, nimmt der Wesir, von Frau und Töchtern begleitet, eine Besichtigung seiner Güter vor. Ein kleiner Junge läuft nebenher, einen Wiedehopf in der Hand. Hundsaffen werden mitgeführt, und einer der Racker beißt unversehens den Affenführer ins Bein, sehr zur Belustigung der anderen. Mit Behagen betrachtet der Großgrundbesitzer, wie eifrig seine Leute dabei sind, Brunnen und Kanäle in Ordnung zu halten, die sieben Ellen hohe Gerste zu schneiden und sich um das Vieh zu kümmern. Gänse und Kraniche werden gemästet, sie verdrehen widerwillig die Hälse, wenn ihnen, um sie möglichst rasch schlachtreif zu machen, Nudeln in die aufgesperrten Schnäbel gestopft werden.

Auf einer Weide werden zwei Feldarbeiter ertappt, die heimlich eine Kuh melken. »Los, beeil dich, der Hirt kommt!« drängt der eine den andern. Schon ist es zu spät. Die Strafe folgt auf dem Fuße: Prügel, nicht wenige.

Auch am Kanal gibt es eine Schlägerei, aber sie ist nicht von oben verordnet. Schiffsleute sind aneinandergeraten. Sie dreschen aufeinander los, und einer brüllt: »Brich ihm doch den Kasten auf, es ist ohnehin nicht viel drin!«

Offensichtlich ist das Los der Hirten und Schiffer, Handwerker und Bauern nicht nur aus Freuden gemischt; so würzen sie es mit grimmigem Humor. Die Lastträger, die den Herrn tragen – denn er bringt, auf seine Würde bedacht, seine kunstvoll gearbeiteten Sandalen möglichst selten mit bloßer Erde in Berührung –, singen bei der Schlepperei: »Voll ist die Sänfte uns lieber als leer!«, und mit einem Blick auf den Stock, den der Aufseher über die Sänften stets mit sich führt, stellen sie fest: »Das ist der Prügel, mit dem mein Rücken gesalbt wird.«

Schafhirten, die ihre Herden von einer Weide zur anderen durch Überschwemmungswasser treiben müssen, tasten den schlüpfrigen

Grund mit ihren Stäben ab, und einer murmelt: »Wie passend für Hirten, die Fische zu besuchen und sich nach ihrem Wohlbefinden zu erkundigen!«

Die Bauern in den Nilmarschen sind struppige Gesellen, denen es anscheinend nicht schlecht geht. Manche Gans bringen sie in den eigenen Magen statt auf den Markt. Ihre Buben sind rauhe Rangen. Rauferei und Spiele, bei denen es keineswegs zimperlich zugeht, sind an der Tagesordnung, in hohem Bogen fliegt der eine über den anderen weg. Nur bei der Arbeit stellen sie sich an, als hätten sie von nichts eine Ahnung. – »Sebkai, bring die Stricke!« ruft da ein Bootsbauer seinem Jungen zu. Er ist gerade dabei, ein Schilfbündelboot zu binden. Die starken Stricke liegen in der Hütte. Was bringt der Junge? Einen Faden, wie ihn die Mutter zum Nähen braucht! – »Das ist doch richtig?« fragt er mit der unschuldigsten Miene, und der Vater jagt den unnützen Strick fort.

An einem Nebenarm des Nils bietet sich ein ergötzliches Schauspiel. Kuhhirten versuchen, ihre Herde durch das Wasser zu bringen. Doch die Kühe halten offenbar wenig von den Zaubersprüchen, mit denen einer der Hirten die lauernden Krokodile fernhalten will. Da nimmt ein anderer ein Kälbchen auf den Rükken, trägt es mutig ins tiefe Wasser, und die Kuh patscht ihrem Kinde nach und zieht die anderen Kühe hinter sich her.

Emsiges Leben und Treiben, wohin auch der Blick fällt! Da werden Fische gedörrt, dort Trauben geerntet und in der Kelter von nackten Füßen zerstampft. Hier wird Emmer oder Gerste oder Weizen geschnitten und von Eselhufen gedroschen. Über Felder, die bereits abgeerntet und zum zweiten Male besät sind, werden Widder getrieben, um die Saatkörner in die weiche Erde einzutreten.

Schreiner zersägen Stämme, um Bretter für Möbel zuzurichten. Steinmetzen behauen Blöcke, Töpfer formen Krüge. Mägde, die

Vogelfang mit Schlagnetzen (aus dem Grab des Ptahhoteb)

Mühlsteine bedienen, rufen einander zu: »Ein wenig hurtiger, wenn's geht!« Worauf die Antwort kommt: »Ich tu, was ich kann!«

Am lautesten geht es auf dem Markt zu. »Kuchen, noch ganz heiß!« – »Leinwand, Sandalen: erstklassige Waren!« – »Was kostet ein Krug Öl?« – Hundert Rufe durcheinander.

Der Wesir ist zufrieden. Ihn freut das brodelnde Leben, er liebt diesen Lärm, den Widerhall einer guten Regierung.

Manchmal besteigt er ein Boot und läßt sich dorthin rudern, wo sich Nilpferde tummeln, ins Papyrusdickicht. Mit Harpunen und Stricken werden die Bullen gejagt. Die Gattin ist mit im Boot. Besorgt hält sie ihren Gemahl an einem Bein fest, wenn er die Harpune schleudert. Es ist ein gefährlicher Kampf, der sich da abspielt. Die verwundeten Tiere rasen und wenden sich gegen alles, auf das sie stoßen. Außer sich vor Wut zerbeißt ein Nilpferd ein Krokodil, und die Hauer dringen durch den Panzer.

Auch am Rande der mörderischen Jagd erfüllen sich Schicksale: Ichneumon und Ginsterkatze plündern Vogelnester, ein Königsfischer stößt auf sein Opfer. Geängstigt durch Gebrüll und Geschrei, versucht ein Nilpferdjunges seiner Mutter auf den Rücken zu klettern. Schilfdickicht und Uferhöhlen sind auch für die Jagd auf Vögel ein Paradies. In die aufgeschreckten Schwärme schwirren die krummen Wurfhölzer und brechen mit scharfen Kanten den Vögeln Flügel oder Hals. Auf dem Lande sind Schlagnetze und Lockvögel aufgestellt. Ist der Schwarm eingefallen, ziehen die Vogelsteller auf ein verabredetes Zeichen mit so heftigem Ruck an den Stricken, daß sie ins Gras purzeln. Die Netze klappen zu. Der Gutsherr ergötzt sich an den zappelnden Vögeln und Vogelstellern und schätzt die Zahl der bevorstehenden Leckerbissen.

Als er heimkehrt, begegnen ihm seine Jäger, die er in die Wüste geschickt hat. In Käfigen bringen sie Wüstenfüchse und Hyänen, sogar zwei Löwen. Die Windhunde und Geparden, die den Hauptanteil der Jagd bestritten haben, sind von Prankenhieben gezeichnet. Gazellen und Steinböcke gehören zur Strecke. Auch kleine Begebenheiten sind an den Wänden festgehalten. Ein Igel ist eben dabei, eine Heuschrecke zu erbeuten, Schwalben umzwitschern die Mauer. Der Hütejunge, der ein Lamm über den Kanal trägt, die Mutter, die ihr Kind nährt, sie sind mit der gleichen Liebe beobachtet wie die Wildente, die ihren Fuß aus der Schlinge zieht. Auch der Arme, der nichts zu geben hat, wird auf der Fähre mitgenommen: er bezahlt durch Leerschöpfen des lecken Bootes.

Und da ist ein Schauspiel, das sich nicht alle Tage ereignet: Der Pharao erscheint unter seinem Volk, und die Menschen, die in ihm den Sohn der Sonne verehren, werfen Sandalen und Kleider ab, umtanzen ihn und schicken schrille Freudenschreie in den makellosen Himmel. Es ist der Tag, an dem der Gutsherr vom Pharao zum Wesir erhoben wird.

Ein großer Tag! Die Mitglieder des Thronrats werden vor den Pharao geführt. Zuletzt tritt der Mann ein, der für das höchste Amt ausersehen ist. Der Pharao spricht: »Siehe, dein Amt ist nicht süß, sondern bitter. Der Wesir ist die kupferne Mauer, die das goldene Haus des Königs umschließt. Für alle, die hoch stehen, Prinzen und Würdenträger, sollst du kein anderes Ohr, kein anderes Auge haben als für jene, deren Tische leer sind und die nur ein Kleid besitzen. Du sollst darüber wachen, daß keiner des anderen Sklave sei. Und wenn einer mit Schulden vor dir erscheint, so zerreiß die Hälfte des Schuldscheins und wirf sie fort! Denn du stehst an sichtbarem Ort, Wasser und Wind berichten von dir. Was du tust, bleibt nicht verborgen. Denke, daß ein Mann nach seinem Tode fortlebt. Seine Taten werden wie Berge neben ihn gestellt!«

Am Ende seiner glänzenden Laufbahn beteuert der hohe Grabherr: »Jedermann, der für mich schaffte, war zufrieden. Ich gab den Hungernden Brot, füllte die Ufer mit Vieh, ich gab sogar den Wölfen des Berges und den Vögeln des Himmels.«

Wollte man den Worten aufs Haar glauben, müßte das alte Ägypten ein Paradies gewesen sein. Das war es sicherlich nicht. Doch die Beteuerungen lassen erkennen, daß in den Ägyptern des Alten Reiches das Gewissen erwacht war. Sie waren Menschen, die einen Blick für ihre Nächsten hatten, nicht nur für Büffel und Elefanten. Den alten Ägyptern war aufgegangen, daß dem Menschen ein höheres Ziel gesetzt ist, als sich in einer unwirtlichen Welt zu behaupten. Auch das hatten sie geleistet. Sie waren dem Boden, den ihnen der Nil Jahr für Jahr schenkte, nichts schuldig geblieben; eine große Familie, hatten sie das Niltal zu einem Garten gemacht. Aber sie hatten mehr getan: Sie hatten den Versuch unternommen, die Vergänglichkeit zu überwinden und der Furcht vor dem Tode Herr zu werden. Die Ägypter verwendeten für ›sterben‹ die Worte: übersetzen, anlegen, landen, auferstehen.

Die Menschenseele stellten sich die alten Ägypter mit Flügeln ausgestattet vor wie einen Vogel, und die Lebenden pflanzten gern

Bäume, auf dem sie sich ihren Seelenvogel, den Ba, rastend dachten. Auch der Ka, der Träger des Wesens, wurde beim Tode der Fessel ledig, die ihn an den Leib band; doch jederzeit konnte er bei ihm Unterschlupf suchen. Daher mußte der Leib vor Zerfall geschützt werden. Die Kunst, aus einem Körper eine Mumie zu machen, hatte Anubis, ›der erste der Westlichen‹, an Osiris geübt. Von ihm hatten die Ägypter sie übernommen, und sie brachten es darin zu hoher Vollendung. Über Jahrtausende haben sich unzählige Mumien erhalten, manche derart vollkommen, daß ihre Züge unverkennbar blieben.

Um sicherzugehen, schufen sich die vornehmen Ägypter für ihr Grab einen steinernen Leib, eine Statue. Sie bezog als Wächter ein Schilderhaus am Grabeingang. Durch den Spähschlitz erblickte der Abgeschiedene die Gaben, die gebracht wurden, Speise und Trank, Kleidung, Salböl, Möbel, Jagdgerät und Waffen, Musik, frische

Der Oberbildhauer aus dem Grab des Ptahhotep

Luft und Licht, und nahm alles entgegen. Nur durch eine Scheintür war er von denen, die er zurückgelassen hatte, getrennt. Ihnen war aufgetragen, sich weiter um ihn zu bekümmern. Der Ertrag ganzer Dörfer wurde in manchem Testament für die Versorgung nach dem Tode bestimmt. Um aber jeder Nachlässigkeit vorzubeugen, war an Bildhauer und Maler beizeiten der Auftrag ergangen, alles, dessen der Abgeschiedene bedurfte, an den Wänden der Kammern in Bilder zu bannen. Auf solche Weise war der Herr des Grabes für immer versorgt und unabhängig von jedem Draußen. Er hatte seine Diener bei sich, wie er es gewohnt war. Er führte weiterhin ein glückliches Familienleben und brauchte nichts zu entbehren. Der Vergeßlichkeit der Späteren war ein Schnippchen geschlagen, und selbst wenn die Wüste den Eingang des Hauses verschüttete – das Leben, das sich in den Kammern abspielte, konnte sie nicht zunichte machen. Jahrtausende später brachten Ausgräber es wieder ans Licht.

Sarkophagkammer in der Unas-Pyramide. Die Wände sind mit Hieroglyphen bedeckt (Vorderseite)

Fellachen beim Dreschen und Worfeln (Rückseite oben)

Hof einer Behausung in Kurna mit Schlafbecken, Speichertopf und Stallplatz (Rückseite unten)

Die sechste Geschichte

Die ersten Ausgräber am Nil

In Ägypten hatte kein anderer Ausgräber eine so glückliche Hand wie der Franzose Mariette, der Begründer des großen Museums von Kairo. Er leistete sich manchen Spaß mit den Behörden; aber er konnte sich das erlauben. Bei ihm war es so, als sähe er die Dinge unterm Sand. Kein anderer holte so viel wie er aus der Wüste. Nur vergaß er nie, daß er kein Ägypter, sondern Franzose war; und da es in Paris ein Museum gab und in Kairo noch keins, verpackte er das meiste von dem, was er dem Sande abluchste, in Kisten, beförderte sie in Booten den Nil hinab bis Alexandrien, und von dort wurden die Schätze nach Frankreich verschifft. Dem Khediven, der damals Gebieter über Ägypten war, kam dies zu Ohren. Er schickte einen Major und Soldaten hinaus nach Sakkara, wo Mariette eben grub. Der Major nahm seinen Auftrag ernst und pochte auf die Kisten, die da versandbereit standen. Mariette verlor nicht einen Augenblick seine Fassung. Er zog den Major beiseite und eröffnete ihm, daß er kaum an einem glücklicheren Tag hätte kommen können. »Gestern«, sagte Mariette, »stießen wir in einem Schachtgrab auf einen Goldfund, der alle bisherigen Entdeckungen in den Schatten stellen wird.« – »Wo ist das Gold?« fragte der Major mit funkelnden Augen. »Ich will sofort in den Schacht«, verlangte er. Mariette führte ihn bereitwillig zu dem Schachtgrab, auf das die Ausgräber am Tage zuvor gestoßen waren. An einer Strickleiter stieg der Major in den 30 Meter tiefen Schacht. Als er unten war, zog Mariette mit eigenen Händen die Strickleiter hoch. – »Was soll das?« rief der Major. »Wo ist das Gold?« – »Schon oben«, sagte Mariette und versorgte den Major reichlich mit allem, was er für vierundzwanzig Stunden nötig hatte. Die Kisten wanderten zum Nil. Am anderen Tag war der Abgesandte des Khediven so weit, daß er mit sich reden ließ. Was sollte er machen? Seinem Gebieter eingestehen, daß er, ein Sohn des Nillandes, sich von einem Ausländer hatte übertölpeln lassen? Mariette machte ihm einen Vorschlag: »Die Hälfte von allem, was künftig ausgegraben wird, für die Ausgräber, d.h. für das Museum in Paris; die Hälfte für den Khediven, d.h. für das Museum in Kairo.« – »Aber es gibt doch gar keins«, wandte der Major ein. – »Ich werde den Khediven auf den Gedanken bringen, eins zu bauen.« – Der Major schien zufrieden, aber nicht restlos. Mariette entging das nicht. »Und ein wenig von jeder Hälfte«, ergänzte er seinen Vorschlag, »für des Khediven wackeren Major.« Damit war alles in bester Ordnung – fand Mariette. Aber schließlich war er es, der das Museum von Kairo mit Funden von unschätzbarem Wert füllte.

Zwar kam Mariette als Franzose auf die Welt, aber wie Champollion wurde auch er für Ägypten geboren. Als er vor hundert Jahren ins Nilland geschickt wurde, um für das Museum in Paris Papyrusrollen aufzukaufen, erstieg er die Zitadelle von Kairo, und – der Nilgott legte auf ihn die Hand. Er blieb im Lande zwischen Wüste und Wüste und wurde zum Einheimischen wie die Steinzeitjäger aus der Sahara, die Einwanderer aus Nubien und Vorderasien, die Eroberer aus Libyen, Persien, Mazedonien, Rom und Arabien. Was immer sie gewesen waren, woher immer sie kamen – sobald sie blieben, wurden sie zu Ägyptern. Auch dem Franzosen Mariette erging es so, und möglicherweise versuchte er seinem Vaterland gegenüber eine Schuld abzutragen, indem er von allem, was er der Wüste entriß, seinen Tribut nach Paris sandte. Dort waren ja auch die Lehrer, die ihn befähigt hatten, den Boden Ägyptens mit anderen Augen anzusehen als – die Ägypter selbst. Und er grub genug aus: auf den Feldern von Gise und Sakkara, Abydos und Edfu, Karnak, Der el Bahri und Biban el Muluk. Auf fast allen Plätzen Ägyptens, an denen Archäologen bis heute schürfen, hatte Mariette den Spaten angesetzt – vor hundert Jahren! Er war einer der Unentwegten der Pionierzeit, die fast ohne Rüstzeug ans Werk gingen, wie auch der Italiener Belzoni.

Zwar läßt sich sagen: Sie waren Zerstörer. Ganz natürlich – sie waren Anfänger. Sie machten den Anfang, darin liegt ihre Größe. Was nahmen sie nicht alles auf sich: Hunger und Durst, Schmutz und Krankheit, offene und versteckte Bedrohung durch – Ägypter, die nichts dabei fanden, ihre Pharaonen zu Geld zu machen. Die ersten Erforscher waren oft genug Flintenkugeln ausgesetzt. Sie wurden mit jedem Widerstand fertig. Als die wahren Erben der Sonnensöhne nahmen sie sich um all das an, was drei, vier oder fünf Jahrtausende vernachlässigt, vergessen oder verfemt in der Erde Ägyptens begraben gewesen war. Sie waren von einer beispiellosen Hingabe beseelt, und jeder von ihnen hat sein Leben mehr als einmal um der Sache willen, der sie sich verschrieben hatten, aufs Spiel gesetzt. Belzoni drang am 2. März 1818 in die Chephrenpyramide ein. Obgleich ihn seine Helfer im Stich ließen, ruhte er nicht, bis er in die Grabkammer vorstieß und vor dem Sarkophag stand, der Chephren umschlossen hatte. Mit knapper Not entging er dem Tode. Aber offenbar war es gerade die in verschütteten Stollen lauernde Gefahr, die ihn am meisten herausforderte. Aus angesehener römischer Familie stammend, hatte er sich, zum Mönch bestimmt, in politische Händel verstrickt, war nach England geflohen, um dem Gefängnis zu entgehen, hatte dort in einer Schaubude als ›der Riese Belzoni‹ schwere Männer und andere Zentnergewichte zum Spielball seiner Pranken gemacht, hatte nachts Maschinenbau studiert und über das Pharaonenland alles gelesen, dessen er habhaft werden konnte, und war schließlich nach Ägypten gereist, um dem Pascha ein von ihm konstruiertes mechanisches Wasserrad vorzuführen, das viermal soviel Wasser liefern sollte wie die bisher üblichen Schöpfräder. Man schrieb das Jahr 1815, und der Pascha, der sich die Maschine in seinem Palast zeigen ließ, war Mohammed Ali, der die inneren Machtkämpfe im Ägypten jener Tage dadurch beendete, daß er die 480 Mameluckenbeys, von denen der Widerstand ausging, zu einem Versöhnungsfest einlud, um sie bis auf den letzten Mann innerhalb weniger Minuten niedermetzeln zu lassen. Von Belzonis Erfindung hielt er nicht viel. Der Italiener wurde mit der Enttäuschung nicht fertig. Er trat in Dienst beim damaligen Generalkonsul Englands in Kairo, einem großen Sammler namens Salt. Der Riese erbot sich, für ihn eine Kolossalstatue Ramses des Zweiten von Luxor nach Alexandrien zu schaffen. Das Vorhaben glückte. Der Erfolg spornte Belzoni an, auf eigene Faust zu sammeln.

Fünf Jahre lang greift er alles, was ihm von Wert scheint, auf, das Kleinste wie das Größte. Skarabäen, Sarkophage, Standbilder, Schmuck, Obelisken – nichts läßt er sich entgehen. Und als beim Transport eines Obelisken, einem seit Jahrtausenden unerhörten Ereignis, der Granitkoloß in den Nil fällt, macht er sich daran, ihn wieder herauszufischen. Und es gelingt. Nichts scheint für ihn unmöglich. Die Arbeiter, die er angeworben hat, sehen zu ihm auf wie zu einem Abgott. Im Tal der Könige entdeckt er eine Reihe von Gräbern. Er ist so sicher, im Tal der Könige gründliche Arbeit geleistet zu haben, daß er behauptet, es sei dort nichts Wichtiges mehr zu entdecken.

Das gleiche glaubte der Deutsche Lepsius, als er 25 Jahre später von einer dreijährigen Expedition heimkehrte, die ihn und seinen Gelehrtenstab bis nach Äthiopien geführt hatte. Der Anreger dieses bedeutenden Unternehmens war Alexander von Humboldt; er hatte Lepsius vorgeschlagen. Die Teilnehmer der Expedition erlebten Abenteuer genug. Feindseligkeiten an abgelegenen Orten hatten sie erwartet, nicht aber, daß ihnen nach einem Wolkenbruch ein Sturzbach, wie er am Nil vielleicht alle Jahrzehnte einmal eintritt, Zelte samt Zubehör fortreißen sollte. Die Forscher, sämtlich Männer von Fach und Rang, ließen sich nicht beirren. Sie waren die ersten, die planmäßig Ausschau hielten, auch nach Denkmälern des Alten Reiches. Von dreißig bis dahin unbekannten Pyramiden wurde aufgedeckt, was noch erhalten war. 130 Mastabas, Grabbauten aus der Zeit der frühen Dynastien, wurden freigelegt, untersucht und in Beschreibungen und Bildern festgehalten. Eine der besonderen Leistungen dieser deutschen Schar war die erste Vermessung von Biban el Muluk, dem Tal der Könige. Anders als Belzoni brachte Lepsius, der als Einunddreißigjähriger auszog, mit allem geistigen Rüstzeug versehen und von hervorragenden Helfern begleitet, nicht nur greifbare Schätze von seiner Ägyptenfahrt mit, sondern eine derartige Fülle von Erkenntnissen und Anregungen, daß er mit Champollion und Brugsch als Begründer der Ägyptologie gelten kann. Aber auch Mariette war nicht nur ein glücklicher Finder, sondern ein echter Entdecker. Tausende hatten die Sphinxe gesehen, die vornehme Ägypter in Alexandrien und Kairo aufgestellt hatten. Tausende waren an dem Sphinxhaupt vorbeigegangen, das aus dem Wüstensand von Sakkara herausragte. Mariette *sah*, daß sie alle von gleicher Art waren. Er grub die eine Sphinx aus und grub weiter, bis er 141 Sphinxe und die Fundamente vieler weiterer freigelegt hatte, eine Sphinxallee inmitten der Wüste. Sie führte zu einer Grabanlage, deren Eingang Mariette am 12. November 1851 fand. Der Schein der Fackeln fiel in einen geräumigen Gang, in dem ein ungeheurer ausgehöhlter Granitblock lag. Und dann tat sich Kammer um Kammer auf. In

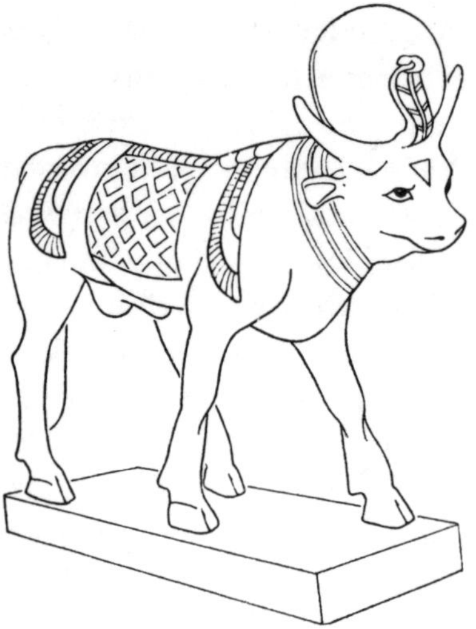

Apis

allen standen Sarkophage mit spiegelnden Wänden von schwarzem und rotem Granit, mehr als 3 Meter hoch, 2 Meter breit, 4 Meter lang – alle leer. Schließlich aber stieß Mariette auf ein vermauertes Gemach. Im unerbrochenen Sarkophag, der sich darin fand, entdeckte er die verschwenderisch geschmückte Mumie eines Stieres. Mariette hatte den Friedhof der heiligen Apisstiere gefunden, die vom Pharao vor jeder Aussaat um die Weiße Mauer von Memphis geführt worden waren. Ganze Dynastien der gewaltigen Tiere hatten in dem Riesenstollen für die Ewigkeit ihren Tempel gefunden.

Nicht nur Stiere, auch Löwe, Falke, Ibis, Katze und Schlange, Krokodil und Nilpferd, Ichneumon und Skarabäus wurden von den frühen Ägyptern verehrt. Wer ein heiliges Tier tötete, wurde getötet; denn durch den frevelhaften Mord wurde der Gott, dessen Wesen im Tier wirksam war, verhöhnt – im Stier die Kraft, neues Leben zu erwecken, im Löwen und in der Schlange Gottes Zorn, im Pavian göttliche Weisheit.

Über vier Millionen Krüge mit einbalsamierten Ibissen wurden erst in unseren Tagen entdeckt, unzählige Katzenmumien, zum Teil mit Gold überzogen. Millionenfach wurde ein Käfer, der Pillendreher, nachgebildet und auf der Brust oder in Ringe eingesetzt getragen. Der Skarabäus, der eine Kugel aus Mist dreht, sein Ei hineinlegt, stirbt und aus der Kugel wieder zum Vorschein kommt, hieß bei den alten Ägyptern ›Der aus sich selbst Entstehende‹; sie nahmen ihn als ein Unterpfand eigener Auferstehung mit ins Grab.

Der Grieche Herodot erzählt in seinem Ägyptenbericht ausführlich vom Vogel Phönix. Er habe ihn zwar nie in eigener Gestalt gesehen, aber nur deshalb nicht, »weil dieser heilige Vogel nur jedes halbe Jahrtausend von Arabien nach Ägypten kommt: wenn sein Vorfahre stirbt. Dann bildet er eine Kugel aus Myrrhen, höhlt sie aus, legt seinen Vater hinein und trägt ihn nach Heliopolis, der Sonnenstadt, um ihn dort zu bestatten«. – Phönix, Skarabäus, Himmelsfalke waren für das Pharaonenvolk drei verschiedene Zeichen für das eine Wesen, das hinter der Sonne steht und durch sie hindurch wirkt. Für den Ägypter, der sein ewiges Haus bezogen hatte, war es gleichgültig, ob das Brot, von dem er aß, in Gestalt eines gebackenen oder gemeißelten oder geschriebenen Brotes vorhanden war. Tiere waren in seinen Augen die Hieroglyphen, die die Götter von sich selbst gemacht hatten. – Auf dieses Geheimnis stieß Mariette, als er die Apisgräber fand. Diese frühen Entdecker der Pharaonenwelt hatten den Blick für das Wesen der Dinge, der manchem Späteren durch zuviel Wissen abgelenkt wurde. Eine seiner wichtigsten Entdeckungen machte Mariette wenige Monate vor seinem Tode. Er fand Pyramiden, die nicht stumm sind. Die bedeutendste von ihnen ist die Pyramide des Unas. Heute sind diese Pyramiden formlose Hügel. Als sie errichtet wurden, verdüsterte sich der Himmel über dem Pharaonenreich.

Die siebente Geschichte

Vom Ende des Alten Reiches und von seiner Erneuerung

Der Pharao Unas war der letzte König der Fünften Dynastie. Die Pharaonen, die auf die Erbauer der gewaltigen Pyramiden von Gise gefolgt waren, hielten sich für Söhne des Sonnengottes und errichteten ihrem ›Vater‹ Heiligtümer, in deren Mitte Obelisken aufragten. Die Maße der Pyramiden nahmen ab, dagegen gewannen die Grabbauten der Großen an Höhe und Glanz. Lehensherren, Gaufürsten, Wesire und Oberpriester wurden selbstherrlich. Während der Dritten und Vierten Dynastie war der Pharaonenstaat eine festgefügte Menschenpyramide, der Pharao war ihre goldene Spitze – Angelpunkt zwischen Himmel und Erde. In den Machtbereich des Königs gehörten das Steigen und Fallen des Nils, das Gedeihen von Feldern und Bäumen, das Kreisen der Gestirne. Der Pharao war das Große Haus, das Ägypten umschloß.

Während der Fünften und Sechsten Dynastie schieben sich Würdenträger in den Vordergrund und bringen Stück um Stück des Bodens an sich, der vorher allein dem König gehört hat. Sie sind die ›Diademhüter‹, die stellvertretend für den Pharao die Herrschaft ausüben, ›Leiter des Palastes‹, durch deren Hand die Regierungserlasse gehen, ›Geheime Räte des Morgenhauses‹, die dem König, während sie ihn bekleiden, nahelegen, was zu tun und nicht zu tun sei. Sie sind ›Augen und Ohren des Königs‹. Durch ein Beamtenheer, unter dem das Volk stöhnt, sorgen sie dafür, daß nichts ohne ihre Kontrolle geschieht. Zuletzt steigen diese ›wahren

Herren‹ zu solcher Macht auf, daß die Pharaonen deren Töchter zu Königlichen Gemahlinnen erheben. Grafen und Wesire lassen ihre Sarkophage in Gestalt von Residenzen anfertigen. Aus dem Volk, das im Pharao einen Vater gesehen hatte, wurden ausgebeutete Arbeiterheere. Unter Unas ist zum erstenmal von ›Millionen‹, also von Massen die Rede. Es gab Hungersnöte. Das ist von erbärmlichen Gestalten, die auf Blöcken des Aufweges zur Pyramide abgebildet sind, abzulesen.

Es war der Nachfolger Mariettes, Maspero, der 1881 den Zugang zu den verborgenen Kammern der Unas-Pyramide freilegen ließ. Er fand im Innern unabsehbare Reihen von Hieroglyphen, in spiegelnde Kalksteinblöcke gemeißelt, mit einem Blau nachgezogen, wie es der Himmel Ägyptens aufweist. Geheimnisvolle Worte stehen da in der Grabkammer: ›Erhebe dich, König Unas! Nimm deinen Kopf, sammle deine Glieder, schüttle den Sand von deinem Fleisch! Für dich ist Brot, das nicht schimmeln kann, aufgetragen, Bier, das nie sauer wird. Eine Rampe aus Licht ist unter deine Füße

Sonnenheiligtum des Königs Niussere

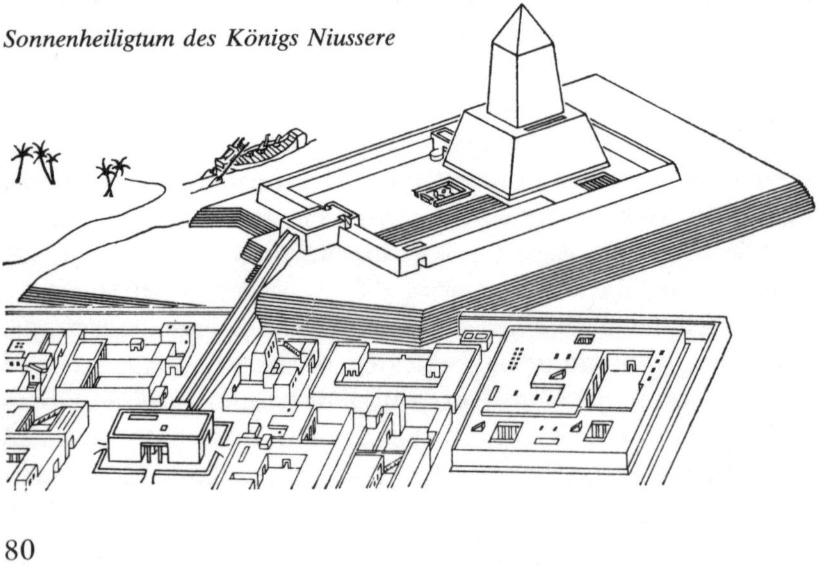

Der Zwerg Seneb wird in der Sänfte getragen und geehrt

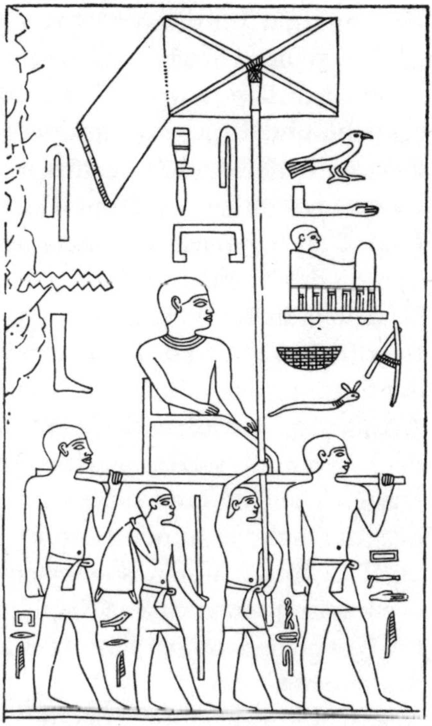

gelegt. Auf ihr steigst du über den Horizont. König Unas erobert den Himmel und spaltet sein erzenes Tor. Er nährt sich von Geistern, König Unas ist es, der ihre Zauberkräfte ißt und ihre Seelen in sich aufnimmt. Unas ist Osiris im Wirbelsturm. Unas zieht ein, er nimmt sich die Gewalt zu entscheiden und hält Gericht über die, welche leben im Reiche der Sonne. Die Götter, gehüllt in ihre Gewänder, weiße Sandalen an den Füßen, werfen Kleider und Sandalen ab, wenn du vor ihnen erscheinst, und sprechen: Unser Herz ward nicht froh, bis du kamst. Siehe, der Allgott, dessen Auge Sonne und Mond sind, kommt, dich zu empfangen. In seinen

Armen wirst du die Nacht verbringen wie das Kälbchen in den Armen seines Hirten!‹

Auch in den anderen Pyramiden aus dieser Zeit fanden sich Sprüche und Beschwörungsformeln wie bei Unas. Alle Sprüche versichern, daß der König stärker als der Tod ist, mächtiger als alle Götter, gewaltiger als Himmel und Erde. Im Totentempel ist der Pharao als Nilpferdüberwinder dargestellt, im Durchgang zum Innersten des Tempels als Sieger über Feinde. Er hat einen Libyerfürsten in die Knie gezwungen, hält ihn am Haarschopf und ist im Begriff, ihm mit einer Keule den Schädel einzuschlagen. Das Weib des Gefangenen und dessen beide Söhne flehen um Gnade. – Der Archäologe Jecquier, der zehn Jahre an die Ausgrabungen der Pepi-Pyramide setzte, machte eine aufschlußreiche Entdeckung: Das gleiche Bild fand sich im Totentempel des Sahure, eines Königs, der mehr als hundert Jahre früher regiert hatte. Alles war Zug um Zug übernommen, sogar die Namen des Libyerfürsten, seines Weibes und seiner Söhne. Pepi buchte den Sieg, den ein Früherer für Ägypten errungen hatte, für sich. Aber er selbst war kein bedeutender König.

Jedenfalls war er nicht der Mann, gegen die Flut des Verderbens, die Ägypten drohte, einen Damm aufzurichten. Natürlich war auch dieser König nicht untätig. Erlaß um Erlaß ging an das Volk, auch mancher gute Erlaß: ›Meine Majestät haben befohlen, nicht zu besteuern Kanäle, Teiche und Sykomoren . . .‹, aber an den Königen der Sechsten Dynastie waren zu viele Schwächen sichtbar geworden, als daß das Volk noch hätte glauben können, in die Hand des Pharaos seien die Gestirne, die Nilflut und das Gedeihen der Saaten gelegt. War aber der König in den Augen der Ägypter nicht mehr ein Gott, der mit seinem bloßen Blick Aufrührer niederstrekken konnte, erhob sich in Hungerjahren die Frage: Warum läßt er Dürre zu? Die halbverhungerten Gestalten auf den Steinblöcken

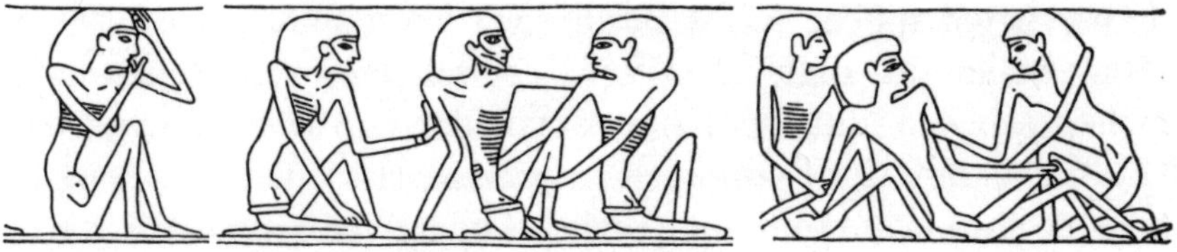

Hungersnotrelief vom Aufweg zur Unaspyramide

im Aufweg des Unas stellen diese Frage. Wie sollte ein vergreister König die Ordnung des Himmels, die Maat, auf Erden verwirklichen? Wie sollte einer, der sich selbst nicht zu verjüngen vermochte, die Fluren Ägyptens verjüngen? Die Mächtigen im Palast und an der Spitze der Gaue sahen ihre Stunde kommen. Und als die Pharaonen dazu übergingen, die ›Gottesworte‹ von Handwerkern in die Wände ihrer Grabkammern meißeln zu lassen, da geschah es, daß die geheimen Texte in die Hände von Unbefugten fielen. Diese glaubten sich nun im Besitze magischer Kräfte und jener Einsichten, die nur durch die strengen Prüfungen der Einweihung erlangt werden konnten.

›Es gibt für sie durchaus nichts mehr, was sie nicht wissen‹, so hieß es am Ende. Das Volk erhob sich, um die Bevormundung durch schwächliche Könige abzuschütteln und der Ausbeutung durch den herrschsüchtigen Adel ein Ende zu machen. Warum sollte es nicht sein Schicksal in die eigenen Hände nehmen, wenn es in den Geheimlehren doch hieß, ›daß des Menschen Herz sein eigener Gott sei‹? So konnte es zum Äußersten kommen. Innerhalb weniger Stunden wurden diese Pyramiden zerstört.

Ein Edler namens Ipuwer hat aufgezeichnet, wie es geschah. In seinem Bericht, der die Jahrtausende überdauert hat, werden die Umstürzler Huru genannt. Erschüttert vom abgrundtiefen Elend, in das Ägypten über Nacht geraten war, ruft Ipuwer aus: ›Sehet, Dinge haben sich zugetragen, wie sie seit den fernsten Zeiten nicht mehr geschehen sind. Der König ist von den Huru gestürzt worden. Das Geheimnis der Pyramiden ist preisgegeben. Die Residenz ist in einer Stunde um und um gekehrt. Die heilige Schlange des Königs, sein Diadem, ist aus dem Versteck gezerrt. Die Geheimnisse der beiden Länder sind bloßgestellt. Aber der, dessen Hand nun den Herrscherstab hält, will des Aufstandes Herr werden ohne Gewalt. Gemetzel wütet, doch der Zaghafte bringt es nicht über sich, den Zerstörern Einhalt zu gebieten. Das heißt doch aber: für den Löwen schlachten und braten, dem Krokodil das Futter nachtragen! Es ist doch so: Man ißt Gras und spült es hinunter. Man raubt aus dem Maul des Schweins, um nicht zu verhungern. Es gibt keine alten Geschlechter mehr. Gold ist an den Hals der Mägde gehängt. Die Herrinnen klagen: Gebt uns zu essen! Not zieht durch das Land, Blut ist überall, in den Herzen brennt Gewalt. Niemand fährt mehr nach Byblos, um Holz für Zedernsärge zu holen. Das Lachen ist verstummt. Wer Kleider besaß, geht nun in Lumpen. Wer sein Gesicht im Wasser besah, hat nun einen Bronzespiegel. Die ehemals Mächtigen jammern: Wär ich nur tot! Kinder klagen: Wär ich doch nie geboren! Das Land dreht sich wie eine Töpferscheibe. Oh, hätte Gott doch die Menschen im Keime erkannt! So aber ließ er es zu, daß sie geboren wurden. Wo ist der Weltenherr heute? Schläft er etwa? Gab es denn je einen Hirten, der ruhig zusah, wenn seine Herde verdarb?‹ – So rief Ipuwer über den Jammer hin.

Das Pharaonenreich war in den Fugen erschüttert. Gräber und Pyramiden waren erbrochen, Residenzen und Paläste zerstört, die Dokumente verbrannt. Frauen flehten den Himmel an, ihr Schoß möge unfruchtbar werden. Lebensmüde versuchten ihre Seele zu überreden, die Erde, auf der ein solcher Umsturz möglich ist, zu verlassen. Die Menschen waren entsetzt über sich selbst, und wer guten Willens war und sich nicht nur am Gut der Gestürzten bereichern wollte, suchte verzweifelt nach einem Halt. Er fand ihn nirgendwo, es sei denn in der eigenen Brust. ›Dein Herz ist dein eigener Gott‹, so stand geschrieben. Und über das Grauen der Vernichtung ließ sich eine Stimme vernehmen, die den Hoffnungslosen Mut zusprach: Nach allen Wirren werde ein neuer König erscheinen, verhieß der Prophet, ein guter Hirte seiner Herde.

Und solch ein König kam. Es kam ein Geschlecht von Königen aus dem Süden, und sie bauten ihre Residenz auf einem Boden, den sie erst schufen: am Rande des Fayum, das die neuen Könige durch ein großes Stauwerk zum fruchtbarsten Gau Ägyptens machten. Für das ganze Land brachen bessere Zeiten an, als aus dem Süden der erste Amenemhet kam, der vom Wesir zum Pharao aufgestiegen war. ›Er durchzog die beiden Länder, um Unrecht zu tilgen, glänzend wie die Sonne. Er lehrte jede Stadt ihre Grenze gegen die andere erneuern, und ihre Grenzsteine stellte er fest wie den Himmel auf, weil er die Wahrheit liebte‹, so steht in alten Berichten. Dieser Pharao begründete die Zwölfte Dynastie, die das Mittlere Reich zur Blüte führte. Die neuen Herrscher hatten es schwerer als die früheren Pharaonen. Sie waren Anschlägen und Verschwörungen ausgesetzt. Ihre Gesichter sind vom Willen geprägt, mit dem Chaos fertig zu werden, das ihnen schwachgewordene Sonnensöhne hinterlassen hatten. Es waren tapfere Herrscher, und sie bestärkten ihr Volk im Glauben, mächtiger als das Unglück zu sein. Sie sammelten die Herde, wie Ipuwer vorausgesagt hatte.

Den Königen der Zwölften Dynastie gelang es, Ägypten neu zu vereinen und nach außen zu sichern. Ihr Bild ließen diese Pharaonen nicht nur in ihren Gräbern aufstellen, sondern auch an allen Grenzen.

Einer dieser Könige, Sesostris, wurde in den Augen der Ägypter und auch der Griechen zum Vorbild für alle Herrscher. Er konnte von sich sagen: ›Ich habe dieses Land auf meine Schulter genommen.‹ – Von ihm wurde noch in viel späteren Zeiten erzählt, er habe, als nach dreiunddreißig Jahren Herrschaft seine Sehkraft zu schwinden begann, den Thron seinem Erben überlassen. Fast alle Pharaonen dieser großen Dynastie teilten sich, sobald sie sich der Herrschaft nicht mehr gewachsen fühlten, mit ihrem Nachfolger in die Macht.

Unter diesen Königen feierte Ägypten sein Hebsedfest, seine Erneuerung. Ägypten war untergegangen – Ägypten war stärker denn je am Leben. – Aus jener Zeit ist eine Geschichte überliefert, die zeigt, daß wieder Ordnung im Lande herrschte und daß auch der gewöhnliche Mann auf Gerechtigkeit hoffen konnte. Es ist die Geschichte vom Mann aus dem Salzfeld.

Ein Mann aus dem Salzfeld, der eine große Familie hatte, bemerkte eines Tages, daß in den Korntruhen kaum noch der Boden bedeckt war. Da belud er die sechs oder sieben Esel, die er besaß, und zog in das Fayum. Er wollte Salz und Handwerkserzeugnisse gegen Vorräte eintauschen. Dabei kam er nicht weit von der Residenz am Landgut des Oberkämmerers Rensi vorüber; richtiger gesagt, es kam nicht dazu. Denn ein gewisser Thutnacht, ein Unterbeamter, der zum Verwalter des Gutes bestellt war, sah den Bauern mit seinen Eseln ankommen. Sah sie, und sein Entschluß war

Drei Musikantinnen aus dem Grabe des Nacht (Vorderseite)

Junger Lotse aus dem Grabe des Menna in Kurna (Rückseite)

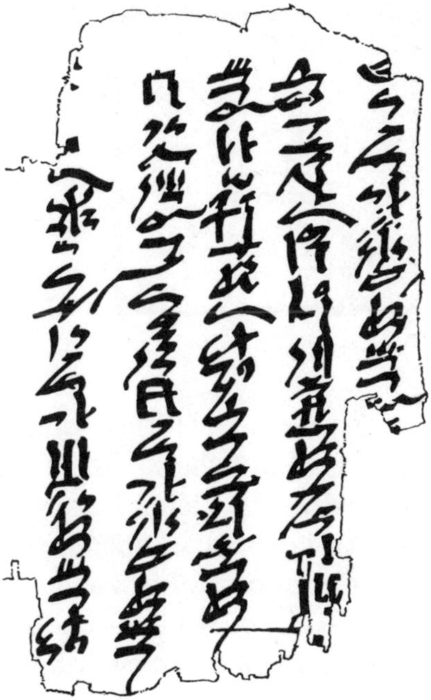

Hieratische Buchschrift des Mittleren Reiches (aus der Geschichte vom Mann aus dem Salzfeld): »Dieser Thutnacht sagte: ›Sei ruhig, du Bauer! Trittst du auf meine Linnen?‹ Der Bauer sagte: ›Ich tue so, daß du mich loben solltest. Mein Weg ist richtig . . .‹«

gefaßt. In aller Eile ließ er Linnen auf den Weg breiten. Links vom Weg war ein Kornfeld, rechts ein Kanal. Der Mann aus dem Salzfeld kam ›auf dem Weg, der jedem gehört‹ bis zum Landgut, sah die Linnen und stutzte. Er war ein Mann, der keinem etwas zuleide tun wollte, schon gar nicht den Linnen eines hohen Herrn. Aber wie sollte er weiter? Ein Kanal ist für Esel kein Weg. Auf dem Felde stand das Korn hoch. Da versuchte der Bauer, Esel um Esel auf dem Ackerrain durchzulotsen. Und da geschah, womit der schlaue Thutnacht gerechnet hatte – ein Esel rupfte ein Maulvoll Korn ab. Sofort griff der Verwalter aus dem Hinterhalt zu. ›Esel, die sich am Korn des Oberkämmerers vergreifen, gehören ihm!‹ schrie er. – Der Mann aus dem Salzfeld entschuldigte sich mit rüh-

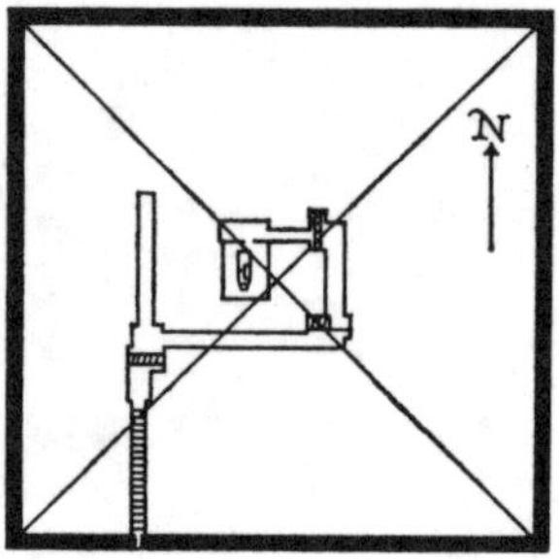

Grundriß der Pyramide von Hawara

renden Worten. Höflich, ohne den Rücken zu krümmen, nahm er seine Esel in Schutz. Der Verwalter aber rief seine Knechte, und sie trieben die kleine Karawane samt aller Habe in den Hof. Da begehrte der Bauer auf: ›Der Weg gehört mir so gut wie dir! Du hast ihn gesperrt. Ich wollte das, was dir gehört, schonen. Du hast die Esel in Versuchung geführt. Und nun legst du auf sie die Hand, weil einer von ihnen ein Maulvoll Korn nahm. Ich aber kenne den Herrn des Gutes, den Oberkämmerer Rensi. Er ist ein Mann, der die Räuber verjagt. Er wird auf seinem Gut keine Räuberei dulden.‹ – Der Verwalter riß einen Tamariskenast ab und gab damit die Antwort, bis der Mann aus dem Salzfeld auf dem Boden lag. Vier Tage belagerte der Geschlagene das Gut. Er sah seine Esel nicht wieder und hatte zum Schaden noch den Spott. Da machte er sich auf den Weg zum Oberkämmerer Rensi. Eben als dieser sich anschickte, die Staatsbarke zu besteigen, die auf ihn wartete, trat der Bauer vor den Mächtigen hin und schilderte ihm das Unrecht, das er erfahren. Er tat es mit derart wohlüberlegten Worten, daß Rensi aufhorchte und sich herbeiließ, mit den Unterbeamten, die ihn begleiteten, den Fall zu erörtern. Diese ergriffen sofort die Partei dessen, der einer der Ihren war. – ›Sicher hat dieser Mensch seine Steuern nicht bezahlt oder an den falschen Beamten! Soll der tüch-

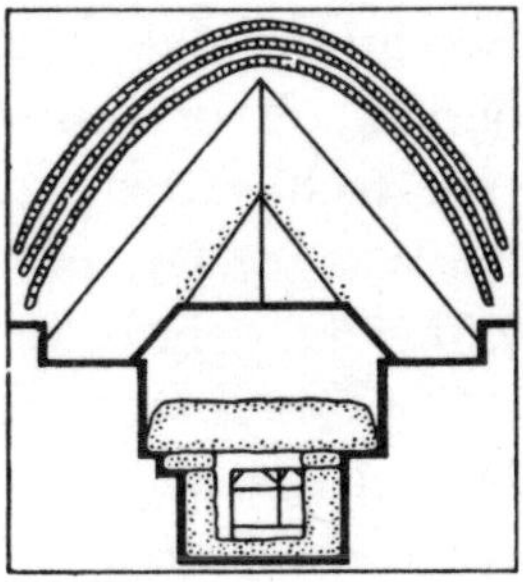

Schnitt durch die Sargkammer Amenemhets III. in der Pyramide von Hawara

tige Thutnacht wegen ein bißchen Salz Scherereien bekommen? Schlimmstenfalls gibt er eben das Salz wieder her . . .‹ – Das ist die Meinung der Unterbeamten. Von den Eseln keine Rede, viel weniger von der hungernden Familie des Bauern. Der ist erbittert, doch sagt er nichts, um nicht den Oberkämmerer zu stören, der, in Schweigen versunken, die Verdächtigungen anhört. Schließlich winkt er dem Bauern. Da tritt dieser vor und macht aus der hohen Meinung, die er vom Oberkämmerer hat, kein Hehl. – ›Der Nil wird glücklich sein, deine Barke zu tragen, denn du bist gütig, ein Bruder des Verlassenen, frei von Geiz, ein Großer, der den Notschrei aus meinem Munde erwidern wird. Sieh mich an! Man hat mir genommen, was mir gehört, und mir Unrecht aufgebürdet.‹ – Verwundert hört Rensi zu. Die Worte des Mannes aus dem Salzfeld gehen ihm nah. Er verspricht Hilfe, und als er zum König kommt, ist es sein erstes, zu sagen: ›Mein Gebieter, ich habe einen Bauern gefunden, der zu reden versteht, wie ich noch keinen reden hörte.‹ – Da läßt der König den Bauern holen, beschenkt ihn, schickt seiner hungernden Familie Vorräte – und jedes Wort, das der Mann aus dem Salzfeld sagt, wird aufgeschrieben. Aber durch all das läßt sich der Bauer nicht von seinem Weg abbringen. Die Gerechtigkeit, die Maat, ist verletzt worden. Er verlangt Sühne.

Furchtlos richtet er an Rensi seine Fragen: ›Bist du denn nicht wie der Nil, der die ausgedörrten Fluren belebt? Willst du für den, der sein Recht sucht, zur verheerenden Wasserflut werden? Irrt jemals die Waage? Du und die Waage, ihr seid eins, deine Zunge ist ihr Zünglein, dein Herz ihr Gewicht, deine Lippen der Waagbalken.‹ – Der Oberkämmerer zögert mit seinem Urteil gegen Thutnacht. Das erregt des Bauern Zorn. Er macht Rensi Vorwürfe. Dem Hochgestellten ist es zuviel. Er läßt dem Bauern durch zwei seiner Diener eine Tracht Prügel verabreichen. Der Mann aus dem Salzfeld bleibt hart. – ›Du machst gemeinsame Sache mit dem Räuber‹, ruft er Rensi zu, ›und solltest doch der Damm sein, der die Armen schützt! Du aber bist die verheerende Flut, die den Besitz des Armen mit Bosheit zudeckt. Deines Amtes ist es, wie Kleidung zu sein, damit keiner friere, wie friedlicher Himmel nach Stürmen, wie Wasser, das Durst stillt. Wessen Segel die Lüge ist, der wird kein Land erreichen.‹ – Rensi schweigt. Da erklärt der Mann aus dem Salzfeld, er werde seine Bitte an Anubis richten, womit er sagen will, er werde sich das Leben nehmen, da er in einer Welt, die ohne Gerechtigkeit ist, nicht länger bleiben will. – Da endlich gibt Rensi nach. Er läßt dem König alle Klagen des beredten Bauern vorlegen, und der Pharao war darüber mehr erfreut als über irgend etwas im Lande.

Der Schluß der Geschichte ist nicht erhalten, aber es gibt kaum einen Zweifel, daß der beharrliche Kläger die Rückgabe der geraubten Esel und die Bestrafung des Räubers durchsetzte und so einen vollen Sieg für die Maat, die Ordnung des Himmels auf Erden, errang, weil er durchhielt.

Die Geschichte vom Mann aus dem Salzfeld läßt erkennen, daß im Mittleren Reich auch der einfache Mann vor neue Aufgaben gestellt war. Während er im Alten Reich ›im Ganzen aufging‹, war ihm jetzt die Möglichkeit gegeben, sich als einzelner zu behaupten.

Natürlich in den Grenzen, die ihm die neue Ordnung steckte: eine verwandelte uralte Ordnung; aber auch für den gewöhnlichen Mann kam es nun darauf an, Schicksalsschläge ›auf eigene Faust‹ zu überdauern.

Dies gilt auch für Sinuhe, einen vornehmen Mann, der zum Hofstaat gehörte. Sein Abenteuer begann im Jahre 30 der Regierung Amenemhets I. Mit dessen Sohn Sesostris, dem Thronfolger, befand sich Sinuhe auf einem Feldzug gegen die Libyer. Da, eben als die Feinde geschlagen und ihre Herden erbeutet waren, traf beim Heer die Nachricht ein, daß der Pharao ›zum Himmel aufgestiegen sei und sich mit der Sonne vereinigt habe. Die Residenz sei erstarrt‹. Heimlich verließ Sesostris das Heer. Doch Sinuhe erfuhr den Grund des eiligen Aufbruchs. Ein Zittern befiel ihn. Er versteckte sich. Da er Unruhen in der Residenz fürchtete, floh er in das Delta, setzte bei den Steinbrüchen des Roten Berges über den Nil, erreichte in Nachtmärschen die Mauer des Pharao, die Ägypten gegen die Beduinen abschirmte, überstieg sie und floh weiter bis an die Bitterseen. In der Wüste war er ohne Wasser. Seine Kehle glühte, er fiel in den Sand, und da war es, daß er plötzlich wußte: So schmeckt der Tod. Beduinen retteten ihn vor dem Verdursten. Ein Land gab ihn an das andere. Schließlich kam er zum Fürsten von Retenu. Und dieser nahm ihn auf und gab ihm seine große Tochter zur Frau, ließ ihn ein Land von seinen Ländern auswählen, und Sinuhe nahm das Land Yaa. Dort gab es Feigen und Wein, Honig und Öl, Gerste und Weizen und Vieh. Sinuhe hatte es gut. Seine Kinder wuchsen heran. Er beherbergte Gesandte, rächte Beraubte und vertrieb Eindringlinge von den Weiden und Brunnen des Fürsten. Und der Fürst setzte ihn an die Spitze seiner Kinder. Da hoben Neider ihre Köpfe, sie schickten einen riesenhaften Menschen vor, der Sinuhe zum Zweikampf forderte. Der Ägypter sagte zum Fürsten von Retenu: ›Ich bin ein Fremder, den man nicht liebt, aber wenn jener ein Stier ist, der kämpfen will, so werde auch ich ein Stier sein und kämpfen.‹ Und Sinuhe spannte seinen Bogen und richtete Pfeile und Axt. Die Herzen der Leute von Retenu brannten für ihn. Der Riese griff an. Sinuhe aber trieb ihn zurück, und als der Asiat die Flucht ergriff, fuhr ihm ein Pfeil in den Nacken. Er schrie und fiel auf sein Gesicht. Da schlug Sinuhe seine Axt in den Riesen wie in einen Baum. Alle Asiaten, die zusahen, brüllten. Sinuhe aber war sicher, daß es der Pharao, den er heimlich verlassen hatte, gewesen war, der durch seinen Arm den Starken gefällt hatte. – ›Denn er hat meinen Leib verjüngt!‹ rief er laut. ›Und er wird die Gnade haben, mich heimzurufen in das Land meiner Väter!‹ – Und so geschah es. Sesostris ließ Sinue heimholen, damit er in Ägypten sein ewiges Haus fände und nicht in der Fremde, wo die Toten in ein Widderfell gehüllt werden. Sein Besitz ging an seine Kinder über, die er zurückließ. In feierlichem Zuge wurde er zum Palast geführt. Als er den Pharao zu Gesicht bekam, stürzte er nieder. Sein Herz war nicht mehr in seinem Leibe. Er wußte nicht, ob er lebend oder tot war. Die Kinder des Königs erschraken vor dem Fremden. Aber die Majestät erhob ihn unter seine Räte. Er wurde in ein Bad geführt, kostbare Gewänder, Myrrhen und feines Öl wurden für ihn gebracht. Sein Haar wurde geschoren und gekämmt, die Jahre verschwanden an seinem Leibe. Aller Schmutz, den er mitgebracht hatte, wurde in die Wüste geworfen. Der Pharao ließ ein hübsches Haus aus Holz für ihn bauen und, weit wichtiger, ein steinernes Haus für die Zeit nach dem Tode. Alle Arbeiten wurden den Handwerkern des Königs aufgetragen, und der König gab dem Ägypter Sinuhe, der zum Asiaten und wieder zum Ägypter geworden war, der die Wüste und den Riesen im Lande Retenu überwunden hatte, eine Statue, von Gold überzogen.

Sinuhe hatte wie der Mann aus dem Salzfeld sein Schicksal gemeistert. In Lagen, die aussichtslos schienen, hatten sich beide bewährt.

Das Mittlere Reich war immer wieder Erschütterungen ausgesetzt. Angelockt durch Zwietracht im Innern drangen Fremdvölker aus Asien ein. Reiterhorden, die sich Hyksos nannten, legten in der Nordostecke des Deltas eine Zwingburg an, von der aus ganz Ägypten unterworfen wurde. Von Auaris aus hielten die Herrscher der Fremdländer die zweiundvierzig Gaue nieder, bis sich am südlichen Tor die Befreier erhoben. Es waren zwei Könige mit dem Namen Tao. Der zweite Tao mit dem Beinamen ›Den Re tapfer gemacht hat‹ fiel im Kampf; seine Mumie ist von tödlichen Wunden gezeichnet. Einer seiner Söhne rief die Fürsten, die ihm befreundet waren, zusammen und sagte zu ihnen:

›Ich möchte wissen, wozu ich tauge, wenn ich zulasse, daß in Auaris ein Asiat sitzt, in Kusch ein Nubier. Ich werde Ägypten retten und den Asiaten und den Neger schlagen.‹

Er nahm den Kampf auf, sein Bruder drängte die Hyksos aus dem Delta, und dessen Nachfolger Amenophis, der Begründer der Achtzehnten Dynastie, vollendete die Befreiung.

Diese Hyksos-Besieger schufen das Neue Reich, dessen ›Mitte‹ nicht mehr dort war, wo die beiden Länder Ober- und Unterägypten zusammenstießen, sondern weit im Süden, in Luxor und Theben, dort, wo auf der Westseite des Nils im Wüstengebirge das Tal der Könige liegt – und eine versteckte Stadt, in der vieles von dem entstand, was wir heute als Überreste des Alten Reiches bewundern. Dort ist aber auch ein Paradies der Grabräuber und Fälscher, die den Fremden ›echte Altertümer aus allen Zeiten‹ verhandeln. Das Hunderttorige Theben und das Tal der Könige sind die Schauplätze der erregendsten Ausgräber-Abenteuer des Pharaonen-Landes.

Die achte Geschichte

Die versteckte Stadt

Im Neuen Reich lagen Residenz und Heiligtümer für die Lebenden, die Paläste der Würdenträger und die Behausungen der einfachen Leute auf der rechten Seite des Nils: das prunkvolle Luxor und der gewaltige Tempelbau von Karnak. Drüben, jenseits des grünen Talstreifens, schimmert ein Höhenzug, der von einer Pyramide aus gewachsenem rötlichem Fels bekrönt ist. Das ist El Kurn, der Sitz der Göttin, die das Schweigen liebt. Dahinter liegt das Tal der Könige; vor ihr sind die Bezirke, in denen sich die Würdenträger des Neuen Reiches in Ewigen Wohnungen angesiedelt haben.

Und vor den Gräbern der Hochgestellten, unmittelbar am Rande der Wüste, waren die Totentempel für die Pharaonen errichtet. Von ihnen blieb nicht viel übrig. Vom ungeheuren Tempel, der für Amenophis III. erbaut worden war, stehen heute nur noch zwei Riesenstatuen, die ihn selbst darstellen und die von den Griechen für König Memnon gehalten wurden. Bei Sonnenaufgang kam aus einem der Kolosse ein rätselhafter Ton: Memnons Klage. Sie ist verstummt, seit ein römischer Kaiser die Risse im Granit ausflicken ließ. Zu Zeiten des Pharao war hier, mitten in der Wüste, sogar ein See angelegt, auf dem die Gemahlin des Amenophis in goldstrotzender Barke spazierenfuhr. In den nackten Fels, der darüber ansteigt, waren Grabwohnungen von unerhörter Pracht gebaut: dort, wo heute der steinerne Hang mit Hunderten von schwarzen Vierecken nach Osten starrt. Die meisten der Gräber

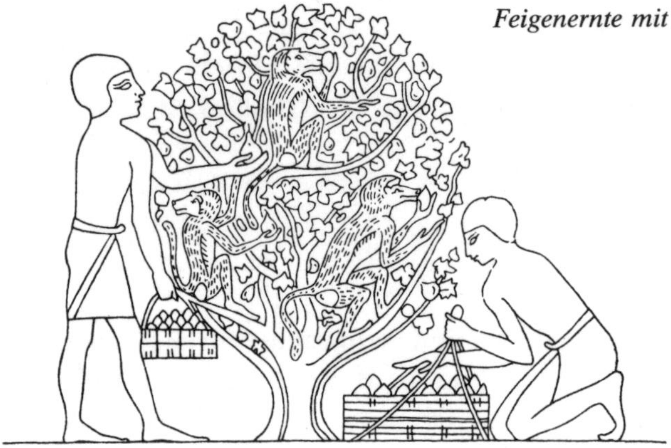

Feigenernte mit Affen (Altes Reich)

sind ausgeplündert und zerstört. Nur einige hundert haben sich mehr oder weniger in ihrem ursprünglichen Glanz erhalten, zumindest die Grabwände. Auf ihnen ist das Leben der Hohen Herren in farbenfrohen Bildern festgehalten. Da gibt es Boote, von denen aus mit Wurfhölzern und Speeren gejagt und gefischt wird – über Wasserbergen, die von Fischgewimmel bersten; Tafeln, überhäuft mit köstlichen Speisen; Musikanten und Tänzerinnen mit Salbkegeln im Haar, Schmuckkrägen und Gewändern von hauchzartem Gewebe; weidendes Vieh und Tiere der Wüste: Giraffen, an deren Hälsen Äffchen hochklettern wie an Palmenstämmen, Leoparden und Gazellen; auch Pferde tänzelnd vor Wagen, wie sie im Alten und Mittleren Reich noch nicht bekannt waren; Wein, der geerntet und gekeltert, Korn, das geschnitten und gedroschen wird . . . Grabwände, leuchtend von Bildern des Lebens!

Die ›Handwerker‹, die diese Bilder schufen, lebten nicht auf der Ostseite des Nils, auf der alle übrigen wohnten – auch der Pharao; sie hatten ihr Zuhause in unmittelbarer Nachbarschaft der Grabbezirke und Totentempel: in einer versteckten Stadt, die heute Der el Medine heißt. Sie liegt in einer geräumigen Wüstenschlucht. Umringt war die Stadt von einer dreifachen Mauer. Diese Stadt war eine riesige Kaserne für Künstler, die großes Ansehen, aber wenig Freiheiten genossen. In der seltsamen Stadt lebten Goldschmiede, Schreiner, Sandalenmacher, Maler – es gab kein Handwerk, das hier nicht zu Hause war. Hierher wurden Silber und Gold und Kupfer und Zinn geliefert, in Ringen abgewogen, von Metallschlägern auf den Amboß gelegt, geglüht und geschmolzen. Hier wurden Perlen aus Malachit, Karneol und Lapislazuli geschliffen. Aus Granit- und Kalksteinblöcken wurden mit Kugeln und Meißeln Statuen gehauen, aus großen und kleinen Alabasterquadern Gefäße geformt. Innerhalb mancher Mauer war die Hölle los. An Blasbälgen plagten sich Männer, deren schweißtriefende Haut das offene Feuer spiegelte, Bronzetüren wurden gegossen, Statuen und Statuetten. In Tischlerwerkstätten fraßen sich Bronzesägen in Baumstämme, machten Bretter und Balken aus ihnen, und mit der Breitaxt, die als Hobel diente, wurden Bretter und Balken zugerichtet. Farbige Hölzer wurden eingelegt, hübsche Truhen und Kästen entstanden, Sessel, Tische, Bettgestelle. Es wurde geschnitzt, geleimt, mit Sandstein poliert. Sperrhölzer bis zu sechs Lagen! In Glashütten wurde gegossen und geblasen. Töpfer machten Krüge auf ihren Drehscheiben, Schuhmacher kostbare Sandalen mit Gesichtern von Asiaten, Negern und Libyern auf den Sohlen. Auf Webstühlen entstanden Decken und hauchzarte Gewebe. In allen Werkstätten waren Männer an der Arbeit, die ihre Sache verstanden. Der Sohn lernte vom Vater, es war eine Schule, die durch Jahrhunderte weiterging. Vielleicht war hier die lauteste Schule, die es je gab. Die Felsen widerhallten vom Getöse der Hämmer und Sägen und Bohrer, es roch nach geglühtem Metall, verbranntem Öl und nach Schweiß. Aber es kam etwas dabei heraus, das der Mühe wert war. Die Künstler und Handwerker, die hier zusammenge-

Weinkelter und Traubenlese (Neues Reich)

pfercht lebten, wurden mit jeder Aufgabe fertig, die ihnen der Pharao oder andere Mächtige übertrugen. Sie zogen nach Assuan und ins Hamamat und brachen Berge auf, lösten aus ihnen tonnenschwere Blöcke, ja ganze Obelisken! Trockene Holzkeile wurden in sorgsam gemeißelte Sprenglöcher getrieben, mit Wasser begossen – und nach zehn Stunden stöhnte die Felswand und gab den Obelisken her. Mit quellendem Holz überlisteten die Steinmetzen Granit! Sie wurden mit Kolossen fertig, schafften sie auf Flößen und Schiffen den Nil hinab, über weite Wegstrecken auf Ziehschlitten, vor die fünfzig, hundert oder auch hundertfünfzig Mann gespannt waren. Diese Männer machten möglich, was uns unmöglich erscheint. Von ihnen wurde gefordert, daß sie für die Pharaonen jene Pforten errichteten, durch die sie in die Unterwelt gelangen konnten, um aus ihr, gleich der Sonne am Morgen, strahlend wieder hervorzugehen. Würdenträger erwarteten von den Künstlern und Handwerkern, daß sie die Wüste in den ›schönen Westen‹ verwandelten, wo in geschmückten Häusern Feste, Tänze, Musik, gedeckte Tische, Freude und Fülle warteten. Hier, innerhalb dieser kahlen Felswände, war die verborgene Mitte zwischen den ewigen

Wohnungen der Pharaonen, der Königinnen und Prinzen, der Edlen und – Götter. Denn auch die Tempel wurden hier geplant, von hier zogen die Bauleute aus. Aus dieser Schlucht gingen die Bilder der Götter hervor. Geheime Bergpfade, von denen das Volk nichts wußte, führten aus der versteckten Stadt in die Täler der Könige und Königinnen und zu den Felshängen, in denen die Vornehmen ihre Grabkammern anlegen ließen. Künstler und Handwerker dieser Stadt erschufen die Welt, in der ein Fortleben nach dem Tode möglich wurde. Der Bildhauer hieß im alten Ägypten: ›Der Leben schafft‹. Mit Recht; die Pharaonen, Königinnen, Edlen, Musikanten und Mägde, die sie aus Stein oder Metall oder Farbe machten, sind heute noch so lebendig wie vor Jahrtausenden. Mit der größten Sorgfalt wurde festgehalten, was unentbehrlich schien: Kein Finger durfte fehlen, und wenn es um einen Lastesel ging, wurde die eine Hälfte des Traggestells hochgeklappt, damit der Mann, dem der Esel gehörte, sich mit einem Blick überzeugen konnte, daß nichts fehle. Der Grabherr wünschte: Es werde ein gedeckter Tisch! Der Maler malte, der Tisch war gedeckt – für alle Zeiten. Der Grabherr ordnete an: Es werde ein Papyrusdickicht mit Fischen und Vögeln! Der Meister holte mit seinem Meißel Schilf und Wasser, Enten und ein Gewimmel von Fischen aus der leeren Wand, unter seiner Hand bekamen Schilf und Wasser, Enten und Fische Farbe – der Hausherr konnte auf leichtem Nachen zur Jagd fahren, es fehlte an nichts, für alle Zeiten.

Pharaonen, Königinnen und Würdenträger wußten das zu schätzen. Sie sparten nicht mit Beweisen ihrer Gunst. Den Künstlern wurde Gold der Belobigung zuteil, Schmuckketten und Ringe wurden verliehen. Im Grab eines Baumeisters fand sich eine goldene Elle, ein Maß aus massivem Gold. Amenophis II. hatte damit den Mann ausgezeichnet, der für ihn gebaut hatte. Vor allem wurde den Meistern gestattet, für sich selbst und die Ihren ein ewi-

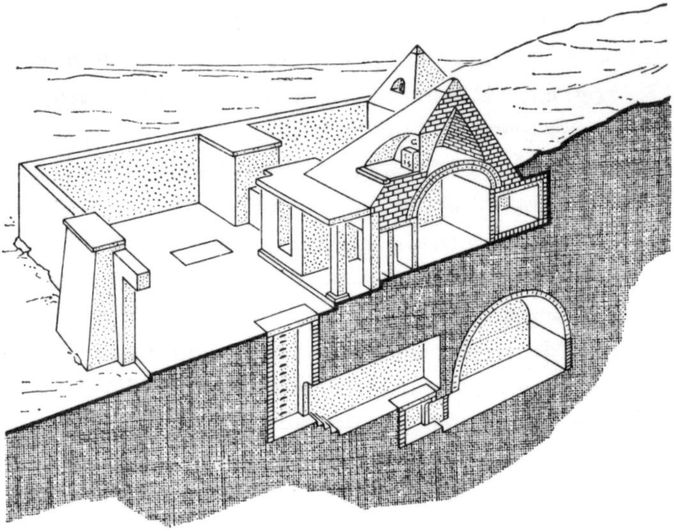

Grab mit Zwergpyramide in Der el Medine (angeschnitten)

ges Haus anzulegen, an Pracht keineswegs geringer als das der Wesire und anderer Hochgestellter. Auch sie waren ja Mächtige, sogar imstande, ›Leben zu erhalten‹. Vor ihren Gräbern standen wie Wächter kleine Pyramiden, Zwerge gegen die Grabbauten der Pharaonen, aber immerhin Zeichen königlicher Würde. Und dennoch gab es auch für die Bewohner der versteckten Stadt schwere Zeiten: Zeiten des Hungers!

Im 29. Jahre des dritten Ramses verließen Männer, Frauen und Kinder die versteckte Stadt, die damals mit fünf Mauern umzogen war. Sie überstiegen die fünf Mauern und rückten gegen einen Tempel vor, in dessen Speichern Vorräte gelagert waren. Dort setzten sie sich und waren durch nichts zu bewegen, wieder wegzugehen. Sie streikten. Der ganze Monat Tybi war vorübergegangen, ohne daß sie neue Verpflegung erhalten hatten. Alles Eßbare war aufgezehrt. Neun Tage hatten sie gewartet. Dann waren sie aus ihrer Stadt ausgebrochen. Schreiber und Priester suchten sie mit ›großen Schwüren‹ zurückzulocken. Die Handwerker und Künstler, ihre Frauen und Kinder hoben die Tempelbelagerung nicht auf. Am nächsten Tage rückten sie an das Ramesseum vor. Sie erklärten: ›Wir sind hierhergekommen wegen Hunger und Durst, wir haben weder Brot noch Fische, geschweige denn Kleider genug. Wir verlangen, daß der Wesir und der Pharao davon erfahren!‹ – Da die Priester ihre Entschlossenheit sahen, gaben sie Verpflegung heraus. Das war am 13. Mechir. Die Streikenden kehrten, den Versprechungen der Beamten trauend, in die Stadt zurück. Aber im folgenden Monat Phamenot wurde ihnen das gleiche Unrecht angetan. Da brachen sie wieder aus und erklärten den Tempelpriestern und Beamten: ›Wir haben die Mauern nicht nur wegen unseres Hungers überschritten. Wir haben ein großes Wort zu sagen: An dieser Stätte des Pharaos wird Unrecht getan.‹ – Der Wesir griff ein. Er versuchte, die Hungernden erst mit einigen Säcken Korn abzuspeisen. Da machten sie sich bereit, den Hafen zu stürmen. Der Schreiber Amennacht drohte, er werde jeden Aufrührer in den Kerker werfen. Es kam zum Vergleich, und nachdem sie das Getreide, das ihnen zustand, erhalten hatten, kehrten sie in die Stadt zurück.

Das ist ein Bericht, der schlecht zum Glanz des Neuen Reiches paßt. Und doch ist seine Echtheit nicht zu bezweifeln. Im Ägypten der Pharaonen grenzten offenbar zu allen Zeiten Pracht und bittere Not, unvorstellbarer Reichtum und Elend so scharf aneinander wie der Fruchtboden des Niltales und die unermeßliche Wüste zu beiden Seiten – wie Krieg und Frieden.

Nofretete. Unvollendetes Modell aus einer Bildhauerwerkstatt in Amarna (Vorderseite)

Hatschepsuttempel in Der el Bahri. Links Tempel des Mentuhotep (11. Dynastie) (Rückseite oben)

Osirisauge. Aus dem Grabschatz Tutanchamuns (Rückseite unten)

Die neunte Geschichte

Weihrauch und Waffen

Das Hunderttorige Theben war eine Stadt aus zwei Städten: dort drüben die Stadt der Lebenden, hier in der Wüste die Stadt der Toten, beide verbunden durch Sphinxalleen, die von Tempel zu Tempel führten, durch Aufwege von den Talrändern zu den ewigen Wohnungen im Fels, durch Feststraßen mit Alabasterkapellen für die Barken, in denen Götter einander Besuch machten. In heiligen Barken setzten Götter und Menschen über den Nil, um ›das schöne Fest im Wüstental‹ zu feiern. Im Neuen Reich war Theben die Mitte der Welt, die Tempelanlage von Karnak die Mitte aller Tempel. Sie hieß ›die Zählerin der Stätten‹, weil alle anderen Heiligtümer sich nach ihr richteten. In Karnak versuchte ein Pharao den andern in den Schatten zu stellen. Immer gewaltiger wurden Tempeltore und Tempelhallen. Bauherren waren jene Könige, die Ägyptens Grenzen tief nach Asien und Afrika verschoben – als Heerführer eines Gottes, der den übrigen Ländern bestimmt hatte, Ägypten untertan zu sein. In ihren Tempeln errichteten sie Denkmäler der Siege, die sie für den Gott errangen, der viele Namen hatte: Amun, Re, Min; und viele Gestalten. Karnak, Luxor, das Ramesseum, Medinet Habu – alle diese Tempel waren Götterfestungen, von Eroberern gebaut, die sich die halbe Welt unterworfen hatten. Vor ihnen zitterten die Völker zweier Erdteile. Auf ihr Wort hin wuchsen Säulenwälder auf, in denen sich nur Giganten heimisch fühlen konnten. Als ungeheure Lanzen stießen ihre Obelisken mit goldenen Spitzen ins Firmament, um der Sonne den Weg zu weisen. Die Bauten des großen Ramses und seines Sohnes auf dem Westufer, zugleich Tempel und Residenz, waren Titanenburgen, in denen steinerne Kolosse standen, tausend Tonnen schwer, aus dem roten Wunderstein bei der Sonnenstadt im Norden gebrochen und über siebenhundert Kilometer stromauf an den Platz gebracht, der für die Ägypter im Neuen Reich Anfang und Ende der Welt war. Die Tempel Thebens waren Erobererpaläste, Bollwerke einer erdrükkenden Macht – nur einer nicht! Der Tempel von Der el Bahri. An ihm ist nichts, das bedrücken könnte. Er sieht aus, als sei er aus dem Schoß des Berges hervorgegangen. Mit weiten Terrassen bietet er sich dem Himmel dar. In seinen Vorderfronten ist Tür neben Tür, und alle Türen stehen offen, das Licht hat freien Zutritt. Sanft ansteigende Rampen kommen dem Besucher entgegen; hier könnte ein Garten inmitten der Felswüste sein. Und da *war* ein Garten mit duftenden Bäumen, von weit her geholt, um den Gott in ihrem Schatten zu erquicken. Ein Stück vom Paradies, das die alten Ägypter Punt nannten, das Weihrauchland, war hierher verpflanzt – von jener Königin aus dem Eroberergeschlecht, die zum Pharao aufstieg und nicht einen einzigen Krieg führen ließ. Sie hieß Hatschepsut: Höchste aller edlen Frauen – und wenn eine Königin, so hat sie diesen Namen verdient.

Das alte Ägypten war nicht arm an großen Königinnen. Dem Zauber jener Kleopatra, deren Name zum Schlüssel für den Entzifferer der Hieroglyphen wurde, erlagen Cäsaren. Am Ende fast aller Dynastien nahmen Frauen die Zügel der Herrschaft in ihre Hand, von ihnen ging die Macht auf den Begründer der neuen Dynastie über. Auch in den Zeiten des Niedergangs bewahrten sie ihre Würde. Voll Bewunderung erzählten die Griechen von der Königin Nitokris, die auf dem Pharaonenthron saß, als das Alte Reich zerbrach. Der Pharao war einer Verschwörung zum Opfer gefallen.

Nitokris lud die Mörder zu einem Fest, das keiner lebend verließ, auch sie selbst nicht. In einer heillosen Zeit, in der es in siebzig Tagen siebzig Könige gab, sah sie keinen anderen Ausweg. Ein halbes Jahrtausend später waren die beiden Länder wieder bis in die Grundfesten erschüttert.

Asiaten drangen ein und beherrschten zwei Jahrhunderte das Niltal. Dann kam der Gegenstoß. Thutmosis I. drang in den Süden, er zog durch Täler, die keiner seiner Vorfahren je betreten hatte. Bei seinem Tode erstreckte sich Ägypten vom ›Horn der Erde‹, dem Vierten Katarakt, bis zu den Rändern Asiens. Mit Pferden und Kriegswagen, von den Bedrückern übernommen, fielen die Heere der Pharaonen in die Fremdländer ein und wurden selbst zu Bedrückern. Gleich Herden wurden unabsehbare Scharen von Gefangenen ins Niltal getrieben, gleich Vieh wurden ihnen mit glühendem Griffel Eigentumszeichen eingebrannt. Außer dem Heer von Wagenkämpfern und Fußtruppen, um Söldner aus Libyen und Kusch und asiatischen Provinzen vermehrt, gab es im Pharaonenreich fortan ein Heer von Sklaven.

In diese Welt wurde Hatschepsut geboren, einziges Kind des kriegsgewaltigen Thutmosis und seiner königlichen Gemahlin Ahmose, die seine Halbschwester war.

Viele Pharaonen gingen aus Geschwisterehen hervor, wie im Anbeginn der Zeiten Horus, dessen Vater Osiris und Mutter Isis Bruder und Schwester gewesen waren. Als wirklicher Vater jedes Pharao galt ja der Gott, der über Himmel und Erde herrschte. In der Geburtshalle des Tempels von Der el Bahri heißt es: ›Es kam der Gott, der Herr über alles ist, auch über den Thron beider Länder, und er nahte sich der Königin in Gestalt ihres Gatten, des Königs Thutmosis. Inmitten der Pracht ihres Palastes fand er sie schlafend. Sie erwachte vom Duft, der den König umhüllte, sie ward froh, und er trat auf sie zu und entbrannte für sie. Als er ihr aber nahe gekommen war, sah sie ihn, wie er als Gott war, und sie jauchzte vor Glück.‹

Als die Stunde der Geburt nahte, wurde die Königin durch die Göttin Hathor vor Amun geführt, damit sein Kind vor seinen Augen das Licht der Welt erblickte.

Dieses Kind war Hatschepsut. Sie blieb das einzige Kind der Gottesgemahlin. Thutmosis hatte zwar auch einen Sohn, aber er war von einer Nebenfrau geboren. Als zweiter Thutmosis bestieg er den Thron, doch erhielt er seine Würde durch seine Schwester, die ihn zum Manne nahm. Sie war Amun als künftiger Pharao vorgestellt worden, und das Bild des Gottes hatte durch gnädiges Nikken seine Zustimmung gegeben. Die Edlen und das Volk hatten die Erde geküßt, auf der Hatschepsut erwählt worden war. Als Thutmosis II. starb, hinterließ er einen unmündigen Sohn, den ihm eine Haremsfrau geboren hatte: Thutmosis III. Dieser wurde dazu ausersehen, Dienste in einem Tempel Thebens zu tun. Hatschepsut regierte nun uneingeschränkt. In einem Bericht, den ein Würdenträger in seine Grabkammer meißeln ließ, heißt es: ›Die Königsgemahlin Hatschepsut sorgte für das Land und leitete es nach ihren Plänen. Ganz Ägypten war vor ihr in Demut, denn sie war aus dem Gott hervorgegangen und ihre Regierung war vortrefflich. Sie sah ihre Aufgabe darin, die Wunden zu heilen, die den beiden Ländern in der Zeit der Fremdherrschaft geschlagen worden waren. Sie stellte her, was zerstört wurde, als die Asiaten in der Stadt Auaris saßen. Jene herrschten, ohne Re und die Ordnung des Himmels zu erkennen.‹ Sie brachte es nicht über sich, ihre Heere marschieren zu lassen und andere Länder zu verwüsten. Ihre Flotten sandte sie aus, nicht um Küsten zu verheeren, sondern um die Güter des einen Landes mit denen des anderen zu tauschen. Im neunten Jahr ihrer Regierung schickte sie Schiffe in das Weihrauchland Punt. Es gibt Anzeichen dafür, daß damals ein Kanal im Wadi Tumilat den Nil unmittelbar mit dem Roten Meer verband. In der Punthalle des Tempels ist diese Puntfahrt in Bilderreihen anmutig erzählt. Die Königin hatte sich vorgenommen, auf thebanischer Erde dem Gotte ein Punt zu bereiten, wie er es befohlen hatte, groß genug, daß er sich darin ergehen konnte. ›Suche dir Wege nach Punt und eröffne die Pfade zu den Myrrhengebirgen!‹ hatte die Stimme im Allerheiligsten des Tempels gesagt. Und Hatschepsut war sogleich ans Werk gegangen, die Expedition auszurüsten. Fünf Barken mit Segeln, jede mit dreißig Ruderern bemannt, werden mit Proviant und Geschenken beladen, Ballen und Krügen, ein Opfer wird Hathor, der Göttin von Punt, dargebracht, die beiden Befehlshaber erteilen den Befehl: Nach Osten! – Und die Seeleute der Königin beginnen die Fahrt zum Gotteslande. Die Winde sind günstig. Als die Küste Punts auftaucht, gibt es großes Verwundern. Zwischen Weihrauchbäumen stehen Hütten, die wie Bienenkörbe aussehen, auf hohe Pfähle gesetzt, um vor Raubtieren und feindlichen Überfällen gesichert zu sein. Leitern führen zu den Löchern hinauf, durch die der Einschlupf möglich ist. Inmitten der seltsamen Behausungen weidet Vieh: Esel und Rinder mit stumpfem Gehörn. Am befremdlichsten sind die Bewohner von Punt, Leute mit braunen Gesichtern, wild herabhängenden Haaren und geschorenen Bärten. Sie reißen die Augen auf, als die Ägypter ihre Schiffe verlassen. ›Wie seid ihr hierhergekommen‹, fragen sie, ›in ein Land, von dem doch niemand weiß? Seid ihr vom Himmel gefallen?‹ – Paruhu, der Fürst von Punt, kommt den Gesandten entgegen, gefolgt von einem Esel, der seine Frau trägt. Die Fürstin ist von einer Leibesfülle, die ihr nicht erlaubt, einen Schritt zu tun. Man hilft ihr vom Esel. Mit Mühe hält sie sich auf den Beinen, um die Gäste zu begrüßen. Rasch kommt der Handel in Gang. Am Ufer bauen die Ägypter Tische auf, Dolche, Beile, Halsketten häufen sich auf ihnen. Eine Statue der Königin zusammen mit dem Gotte Amun

Beladen eines Schiffes vor der Abfahrt aus Punt (aus dem Hatschepsut-Tempel in Der el Bahri)

wird als Geschenk übergeben. Im Zelt des königlichen Gesandten werden der Fürst und die Seinen bewirtet, mit allen guten Dingen, die das Nilland hervorbringt. Schließlich aber bringen die Schiffsleute über eilig ausgelegte Bretter alles an Bord, was Punt ihnen mitgibt: Haufen von Weihrauchharz, Ebenholz und Elfenbein, dem weißen Golde vom Lande Amu, duftende Hölzer, Felle und Augenschminke, Paviane, Meerkatzen und Windhunde, Sklaven und Kinder. Es wird versichert, daß man die Schiffe sehr hoch mit den Schätzen des Landes Punt belud und allen schönen Pflanzen des Gotteslandes – niemals sei irgendeinem König Gleiches gebracht worden. Bei der Heimfahrt ließ man die Affen frei. Sie erkletterten die Masten, es gab viel Spaß. Und es gab große Freude, als die Schiffe schließlich in Theben anlegten. Einunddreißig Weihrauchbäume hatten die weite Fahrt überstanden, sie schlugen nun Wurzel auf den Terrassen des Tempels. Dort waren Teiche mit Papyrusschilf angelegt, am Tor standen als grüne Wächter Perseabäume. Es war ein Garten, der seinesgleichen in beiden Theben nicht hatte – ein Punt in der Wüste. Hatschepsut ließ nicht nur in Der el Bahri bauen, sie sorgte auch für andere Tempel, besonders für das Heiligtum von Karnak, ja, wie sie selbst versicherte, schlief sie nicht wegen dieses Tempels, so sehr lag er ihr am Herzen. In seiner Mitte ließ sie zwei Obelisken errichten, von denen der eine, 30 Meter hoch und aus einem einzigen roten Granitblock gehauen, noch heute steht. Die Spitzen, von purem Golde bedeckt, ›mischten sich mit dem Himmel‹, wenn die Sonne ihren ersten Blick auf sie warf. Wir wissen, wer diese Obelisken aus dem Granitbruch von Assuan holte. Dieser Mann hinterließ dort sein Bild. Ihm gelang es, die Obelisken inmitten des Säulenwaldes von Karnak aufzustellen, und er war es auch, der den Tempel von Der el Bahri baute, ohne ein Vorbild zu haben, gleich Imhotep, der die erste Pyramide erschuf. Hatschepsuts Baumeister hieß Senmut. Er war ein Bruder des Erziehers der Königin, und sie erkannte ihn früh und übertrug ihm die Sorge für ihre Bauten. Aus dem Baumeister wurde ihr engster Berater, der ihr bei ihrem Wirken zur Seite war. Ihm vertraute sie die Erziehung ihrer einzigen Tochter an, die vielleicht auch seine Tochter war. Denn er stand der Königin näher als der ihr dem Namen nach vermählte Halbbruder, und nach dessen frühem Tode war er der ungekrönte Pharao, der die Liebe und das uneingeschränkte Vertrauen der Königin besaß. Wie hätte er sonst wagen können, sein Bild in ihrem Totentempel anzubringen, an dessen Wänden nur für Götter und Könige ein Platz war? Wie hätte er eine Statue aufstellen lassen dürfen, die ihn zeigt, wie er die kleine Prinzessin Nefrure in die Arme schließt, ihr Köpfchen an seinem Haupt? *Er* ist auch bei der Puntfahrt nicht vergessen. Vielleicht kam von ihm der erste Anstoß zu dieser Expedition.

Bei den Ausgrabungen in den Jahren 1927/28 unter Leitung des Amerikaners Winlock wurde im Bereich von Der el Bahri eine Entdeckung gemacht, die alle Gemüter erregte. Man stieß auf einen

Stollen, der weit vor den Tempelterrassen begann und in große Tiefe führte, bis zu einer Kammer, die unmittelbar unter der Stelle lag, an der droben im Licht die Totenopfer für Hatschepsut niedergelegt werden sollten. Es war das geheime Grab Senmuts, der zum Schein auch im Bezirk der Würdenträger ein Grab hatte anlegen lassen. Der Sarkophag, der auf ihn wartete, stand unter dem Tempel bereit. Senmut wollte, sicherlich im Einverständnis mit Hatschepsut, auch jenseits des Todes mit der Frau vereint sein, zu der er im Leben gehört hatte. Wie weitere Ausgrabungen zeigten, hat sich seine Hoffnung niemals erfüllt. Sein Sarg wurde zertrümmert, ehe er ihn bezog. Er selbst aber wurde mit allen Angehörigen, samt Gesinde und Haustieren, samt allem, was an ihn erinnern konnte, von der Erde vertilgt. Das geschah um das Jahr 1469 v. Chr. Der Mann, der über zwanzig Jahre lang im Hintergrund gestanden hatte, schlug zu und rächte sich dafür, daß ihm der Thron, für den er sich bestimmt wußte, vorenthalten worden war. Er war der dritte Thutmosis, der seine Opfer wie ein Raubtier anfiel. Er machte auch vor der Frau nicht halt, die seine Stiefmutter und Tante und dem Namen nach mit ihm vermählt war. Zum Herrschen geboren, brannte er vor Machtbegierde. Von Amun selbst durch ein Orakel berufen, trat er hervor, sobald er den Sturz der Königin und ihres Anhangs genügend vorbereitet hatte, und wütete wie ein Rasender. Wo immer er auf ein Bild der ihm Verhaßten stieß, ließ er es ausmeißeln, ihre Statuen, ob in Pharaonen- oder Sphinxgestalt, wurden mit Feuer und Wasser zersprengt. Winlock fand in einem Steinbruch die Trümmer. Aus Bruchstücken von Rosengranit und Kalkstein erstand die Gestalt der großen Herrscherin nach dreieinhalb Jahrtausenden zu neuem Leben.

Auch ihr Sarkophag blieb leer – wie der Sarg ihres Vertrauten. Es mag sein, daß Thutmosis die Rivalin im ersten Ausbruch seines Hasses mit eigener Hand niederstreckte und ihren Leichnam Hun-

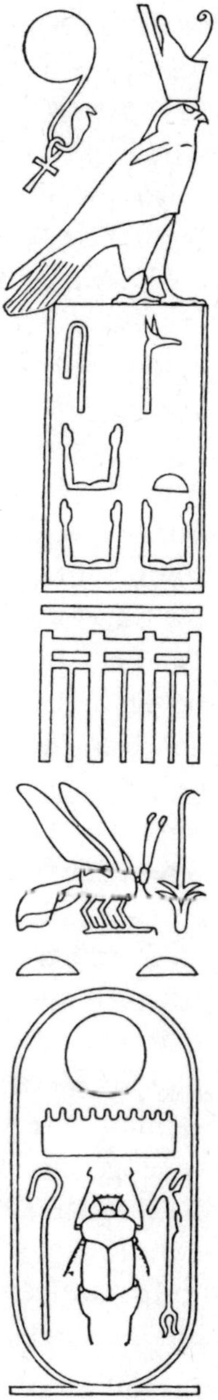

Horusname der Königin Hatschepsut, darunter – später eingesetzt – der Name Thutmosis III.

den vorwerfen ließ, wie es bei Geächteten üblich war, um ihnen jede Möglichkeit eines Weiterlebens im Jenseits zu nehmen. Daß Thutmosis vor nichts zurückschreckte, zeigen die hundertfach geschändeten Tempelwände.

Hatschepsut hatte wie Senmut zwei Gräber für sich anlegen lassen. Eines wurde von Carter 1916 entdeckt. Vom Fuß einer verborgenen Felsspalte führte ein Grabstollen 18 Meter tief in das Gestein bis zu einem Schacht, auf dessen Boden sich nichts außer einem unvollendeten Sarg aus kristallinischem Sandstein fand. Auch den Sarkophag im zweiten Grab, für die zum Pharao gewordene Hatschepsut im Tal der Könige angelegt, fand Carter leer. Bei Vermessungen stellte sich heraus, daß der 210 Meter lange Stollen zur Sargkammer genau in der Verlängerung des Aufweges zum Tempel von Der el Bahri lag, der wie die Sphinxallee vor den Terrassen in die Mitte des Reichstempels von Karnak deutete. Durch den Bergrücken, den El Kurn überragt, war also ein geheimer Gang angebahnt, durch den die Königin aus der Sargkammer in ihren Tempel treten konnte. Ihr Widersacher aber schlug alle Türen zu, die für die Königin ›im schönen Westen‹ offenstehen sollten. Er nahm ihr das Leben und versuchte auch ihr Gedächtnis auszulöschen. Sein zweites Vorhaben mißglückte. Von Punt, das Hatschepsut und Senmut in die Wüste von Theben pflanzten, blieb genug, um erkennen zu lassen, von welcher Art die große Königin und ihr Vertrauter waren. Von den beiden Obelisken in Karnak steht noch einer. Thutmosis hatte beide in seinem Zorn mit Mauern umzogen, er hatte die Obelisken eingekerkert – doch noch heute leuchtet die Obeliskenspitze auf, sobald die Sonne über den Horizont rückt.

In den Reichstempel von Karnak hatte Hatschepsut die Worte einmeißeln lassen: ›Ich bin das wütende Krokodil, das zuschnappt, und wen es faßt, für den ist kein Entrinnen.‹ Vermutlich fühlte sie

Ramses II. erstürmt mit seinen Söhnen eine syrische Festung

sich bedroht, schon ehe der Löwe zuschlug, der im Schatten ihres Thrones stand. Sie unterlag, weil sie nicht zum wütenden Krokodil wurde. Jede Gewalttat war ihrem Wesen zuwider. Thutmosis III. dagegen legte die Waffe nicht aus der Hand, solange er auf dem Throne saß. Von den zweiunddreißig Jahren seiner Alleinherrschaft waren zwanzig mit Kriegszügen ausgefüllt. Er schob die Südgrenze Ägyptens tief in den Sudan und setzte über die Provinz zwischen dem zweiten und vierten Nilkatarakt den ›Königssohn von Kusch‹, der in seinem Namen regierte. Nubien und Kusch lieferten ihm Gold und – Soldaten. Sein Heer führte er in siebzehn Feldzügen, über die er an den Tempelwänden von Karnak berichtete, bis an die Ströme, ›die verkehrt fließen‹, nämlich von Norden nach Süden – an den Euphrat und Tigris. Er war der geborene Feldherr, der Krieg war sein Element. Als er auf Megiddo marschierte, rieten ihm seine Generale davon ab, durch den Engpaß vom Karmel anzugreifen, weil dort das Heer durch eine Handvoll Verteidiger zerschmettert werden könne. Was tat der König? Er stellte jedem frei, ihm zu folgen oder umzukehren, drang auf dem Weg, ›auf dem keiner uns erwartet, weil er zu gefährlich ist‹, in die verwirrten Feinde ein und erbeutete bei diesem Zugriff 2041 Pferde, zahllose Streitwagen, Schätze, die Ernte des Jahres. Die besiegten Fürsten, die in Prunkwagen gekommen waren, zogen auf 330 Eseln nach Hause. Thutmosis nahm ihre Söhne mit nach Ägypten. Dort wurden sie erzogen, auf daß sie wie Ägypter dachten, und wenn einer der asiatischen Fürsten starb, setzte der Pharao einen von deren Söhnen ein.

Auf den Kriegszügen fiel dem König unermeßliche Beute zu. Reichtümer und Vorräte, Menschen und Vieh. In den Schatzkammern der Paläste und Tempel häufte sich Gold. Dazu kam Gold, von Sklaven aus Bergwerken geholt. Dieser dritte Thutmosis war ein leidenschaftlicher Sammler. An Tempelwänden ließ er die seltsamen Tiere, Pflanzen und Blumen, die er aus fernen Bereichen heimbrachte, darstellen. Über die Wüsten in Ost und West, über das Meer im Norden und die Katarakte im Süden schob er den Horizont der Ägypter weit hinaus. Thutmosis III. machte Ägypten zu einem Reich, das seinen Schatten nicht nur über die angrenzenden Länder warf. Einer seiner Wesire beteuerte: ›Der König verstand, was immer geschah, es gab nichts, wofür er nicht einen Weg wußte, nichts, das er nicht zu Ende führte. Auf Erden war er Thot, der Allwissende.‹ Offiziere, die er ins Feld schickte, rühmten sich ihrer Taten, als habe er sie getan. Überall erzählte man davon, wie ein gewisser Dhuti bei der Belagerung von Joppe den Fürsten der eingeschlossenen Stadt überlistete: Er versprach, überzulaufen und fünfhundert Körbe, mit Abgaben gefüllt, auf Eseln in die Stadt zu schicken. Der Fürst, hocherfreut, kam zu Dhuti, und als er voll Wein war, streckte ihn der Ägypter mit der Keule des Königs zu

Boden und ließ die fünfhundert Körbe von Eseln in die Stadt tragen. Zum Schrecken der Belagerten stiegen aus den Körben bewaffnete Krieger – und Joppe fiel. Ein anderer Offizier mit Namen Haremhab brüstete sich damit, daß er seinem König das Leben rettete, indem er einem Elefanten, der den Pharao angriff, den Rüssel abschlug. Auf ganz ähnliche Weise zeichnete sich dieser Haudegen in einer Schlacht aus, in der die Gegner durch eine vorgeschickte Stute die Hengste vor dem Streitwagen des Königs in Verwirrung bringen wollten. Haremhab jagte die Stute, holte sie vor allen Hengsten ein und brachte sie zu Fall. Für seine Heldentaten wurde er mit goldenen Ehrenzeichen belohnt. – In allen solchen Berichten ist natürlich stets der König der Tapferste. In der Gegend von Nii, so heißt es, griff er eine Herde von hundertzwanzig Elefanten an, und wenn man dem Bericht Glauben schenken darf, gab es für diese Elefanten sowenig ein Entrinnen wie für die Feinde des Pharaos.

Thutmosis III. brachte es durch seine Kriegstaten so weit, daß Ägypten bei allen Nachbarn gefürchtet war. Auch unter seinen drei Nachfolgern war Ägypten nie ernstlich bedroht. Erst dann kam wieder ein Pharao auf den Thron, der wie Hatschepsut nichts vom Kriege hielt. Er ließ seine Heere nicht einmal dann marschieren, als das Nilland von Feinden bedrängt war. Und dennoch wird dieser Pharao von vielen für den größten Sohn des alten Ägypten gehalten. Es ist Amenophis IV., dessen Vater der prunkliebende Amenophis III. war, ein Riese von Gestalt. Ihm schenkte die Königin Teje einen Sohn, den er im dreißigsten Jahr seiner Herrschaft zum Mitregenten erhob. Der neue König war anders als sein Vater, anders als alle bisherigen Pharaonen. Nach fünf Regierungsjahren änderte er seinen Namen. Er nannte sich künftig Echnaton: ›Aton ist gnädig‹.

Die zehnte Geschichte

Der Horizont des Aton

Echnaton war der neunte Herrscher der Achtzehnten Dynastie. Im fünften Jahre seiner Herrschaft verließ er die glänzende Residenz des Neuen Reiches, sagte den Göttern, denen die Tempel Thebens errichtet waren, den Kampf an, machte die Priester, die ein Drittel des Landes besessen hatten, zu Bettlern und zog über 300 Kilometer weiter nach Norden, um an einer Stelle, ›die bisher noch keinem Gott und keiner Göttin gehört hatte‹, eine neue Residenz zu gründen. Er nannte die Stadt Achet Aton, ›Horizont des Aton‹. Was ihn zu diesem ungeheuerlichen Entschluß bewogen hat, wissen wir nicht. Wir können es nur ahnen. Er selbst spricht von einer ›Kränkung ohnegleichen‹, die ihm von seiten der thebanischen Priesterschaft zuteil geworden ist. Sicher ist, daß diese Priesterschaft zu einer Macht aufgestiegen war, mit der auch die Pharaonen rechnen mußten. Der oberste Gott dieser Priester war es gewesen, der sowohl Hatschepsut als auch Thutmosis durch gnädiges Nicken den Thron zugebilligt hatte. Durch eine unabsehbare Schar von Nebengöttern hielten sie das Volk in Atem. Dem neuen Pharao, der mit asiatischen Fürstensöhnen aufgewachsen, von der klugen Teje und dem weisen Amenophis erzogen worden und vermutlich durch die Tempelschule von Heliopolis gegangen war, erschienen die vielen Götter ebenso überflüssig wie die Grenzen zwischen Ägypten und anderen Ländern. Er hatte gesehen, daß diese Götter Wunder logen, wenn die Priester es für notwendig hielten.

Der junge König dürstete nach Wahrheit. Er nahm zu seinem neuen Namen auch einen neuen Königstitel an: ›Von der Wahrheit lebend‹. Klar wie der helle Tag, lauter wie der Blick der Sonne sollte der Glaube sein, den er in die Herzen aller Menschen pflanzen wollte, nicht nur der Ägypter. Alle sollten gleichen Anteil am Licht haben, das aus dem Himmel niederströmte. Alle sollten erfahren, daß den Thron der Welt das eine Wesen innehabe, von dem aller Glanz und alle Wärme kommt, alles Leben und alle Schönheit bewirkt wird.

Der König gab dem Namenlosen den Namen Aton.

Und er pries diesen einen Höchsten, der weder mit Worten noch in Bilder zu fassen ist, in einem Gesang, der die Jahrtausende überdauert hat:

Dein Aufleuchten ist schön am Rande des Himmels,
Aton, der du warst, ehe anderes war.
Wenn du aufstrahlst, füllst du die Länder mit Glanz.
Deine Strahlen umfangen, was du gemacht hast,
du bindest mit Liebe.
Unendlich fern, bist du nah, deine Spur ist der Tag.
Gehst du unter, so ist die Erde, als wäre sie tot.

Der große Säulengang im Tempelbezirk von Karnak (Vorderseite)

Blick von Kurna über das Thebanische Tal. Am Talrand das Ramesseum. Im Hintergrund das neue Kurna. Ganz rechts die Memnonskolosse (Rückseite oben)

Sakkija (Schöpfwerk), wird von Eseln, Rindern oder Kamelen in Gang gehalten (Rückseite unten)

Die Menschen verhüllen das Haupt in der Kammer,
keiner sieht mehr den andern.
Der Löwe kommt aus der Höhle, die Schlangen beißen im Dunkel.
Du bannest die Nacht, die beiden Länder feiern täglich dein Fest.
Auf deinen Wink gehen die Menschen freudig ans Werk.
Das Vieh weidet zufrieden, die Bäume erblühen,
Vögel erheben sich über die Sümpfe und beten mit eifrigen Flügeln.
Schiffe befahren den Strom, Straßen schimmern auf unter dir,
Fische durchbrechen den Spiegel des Meeres, den du bestrahlst.
Du erschaffst das Kind in der Mutter und öffnest ihm seinen Mund,
wenn es aus dem Leibe hervorkommt, du nährst es.
Du sorgst, daß das Küken die Schale durchbricht,
daß es fröhlich piept und umherläuft, wenn es aus dem Ei kommt.
Du schufst Menschen und Vieh, alles, was auf Erden umhergeht,
die Länder Syrien und Nubien, das Land Ägypten.
Du gabst den Menschen verschiedene Zungen.
Du schufst den Nil, der aus der Unterwelt quillt,
du hast einen Nil an den Himmel gesetzt, daß er die Felder benetze.
Herrlich sind deine Pläne, du Herr in Ewigkeit!
Der Nil von oben ist für die Fremdländer, der untere Nil für Ägypten.
Deine Strahlen wecken alle Gärten zum Leben.

Du machst die Jahreszeiten, Winterkühle und Sommerhitze,
Millionen von Gestalten hast du aus dir gemacht.
Aus Städten und Dörfern, von Straßen und Strömen
heben sich Blicke zu dir, der du strahlend über der Erde dahingehst.
Du bist in meinem Herzen, keiner ist, der dich wahrhaft erkennt,
außer deinem Sohne Echnaton.
Ihn hast du schauen lassen, daß die Welt in deiner Hand ist.
Du bist das Leben, jeder lebt durch dich.
Seit du die Erde erschaffen hast, ist sie bereitet für deinen Sohn,
der aus dir hervorging . . .

Um dieses einen Gottes willen wandte Echnaton sich von den vielen Göttern ab, für die in Ägypten Tempel gebaut worden waren. Er nahm sein Volk nicht wichtiger als andere Völker, ja, er ging so weit, Nubien und Asien *vor* Ägypten zu nennen. Sein Hymnus feierte die eine Erde, den einen Himmel, den einen Gott. Frühere Pharaonen hatten Pyramiden aus Stein oder Schlammziegeln gebaut – Echnaton erschaute eine Pyramide, deren goldene Spitze, die Sonne, hoch in den Himmel gerückt war; mit offenen Händen reichten deren Strahlen bis zur Erde und spendeten Wärme, Glanz und Leben. Die Pyramide aus Licht wurde zum Zeichen des neuen Glaubens, das Echnaton in Tempeln und Gräbern anbringen ließ. Mit fieberhaftem Eifer ging er daran, diesem strahlenden Gott eine Stadt zu erbauen. Er wählte eine Ebene, die Aton selbst für sich mit Bergen eingeschlossen hatte, gleich weit entfernt von Theben wie von der Weißen Mauer. Auf Grenzsteinen schwur Echnaton, das Gebiet dieser Stadt niemals zu verlassen. Freiwillig ging er um seines Gottes willen in eine lebenslange Verbannung. Auf einer öden Fläche, von Felsrücken nach Osten abgeriegelt, im Westen vom Nil begrenzt, entstanden auf Befehl des Königs Tempel, die durch Brücken mit den Palästen verbunden waren, schimmernde Straßen, von den Häusern der Vornehmen gesäumt, Hafenanlagen am Nil und Gräber in den östlichen Bergen. Echnaton brach mit der alten Übung, die ewigen Wohnungen im Westen anzulegen. Er brach mit Osiris ebenso wie mit Anubis, dem Ersten der Westlichen. Der Osten war der Ort des ewigen Aufgangs.

Im großen Atontempel der neuen Stadt umschlossen Säulenhallen einen weiten Hof, in dessen Mitte, durch eine Treppe unter den Himmel gerückt, der Altar sich erhob. Statuen des Königs wachten in den Säulenhallen. Neben dem Tempel lagen Vorratshäuser und Schatzkammern, von einer Mauer und Bäumen umschlossen. Alles Erdenkliche war dort aufgespeichert: Kästen und Prunkgefäße aus Gold und Silber, Krüge, Schalen, Körbe, Leinwandballen. Eine zierliche Laube, mit Wimpeln und goldenen Uräusschlangen geschmückt, stand für den König bereit.

Geräumig wie die Tempel waren die Paläste, und auch in den Häusern der Vornehmen gab es keine Enge. Die Mauer um das Haus des Vorstehers der Rinderherden des Aton maß 75 mal 70 Meter. Das Haus lag an einer 60 Meter breiten Straße. Backöfen und Ställe gehörten zum Gehöft, Freitreppen und Speicher. Große Wohnräume, Schlafräume für den Herrn des Hauses, seine Frauen und Kinder, zwei Bäder und ein Garten, den der Baumeister mit besonderer Sorgfalt angelegt hatte. Hinter einem Vorhof tat sich ein stattliches Tor auf, von Türmen gehalten, dahinter ein Teich, unter Bäumen und Büschen versteckt. Eine Rampe führte zu einem Tempelchen empor. Bei Ausgrabungen wurden in diesem Garten Wurzelstöcke und Stammreste von 76 Bäumen und Büschen gefunden. So darf man annehmen, daß der Horizont des Aton ein einziger blühender Garten war, der sich kilometerweit hinzog, auf Erde gepflanzt, die aus dem Fruchtland in den Wüstenbogen geschafft worden war. Da gab es Vogelhäuser und Teiche für Fische, es war ein paradiesischer Ort, von keiner Mauer umzogen – eine neue Stadt, wie es sie bisher in Ägypten nicht gegeben hatte.

Es waren auch neue Leute, die den Pharao umgaben. Er machte solche zu Würdenträgern, die ihm bedingungslos auf seinem Wege folgten. Sie überschüttete er mit Ehren und Geschenken. ›Er macht sie zu Leuten aus Gold!‹ schrien Soldaten und Kinder und führten einen Freudentanz auf. Wer sich der neuen Lehre verschrieb, konnte zu höchsten Rängen aufsteigen, Wedelträger zur Rechten oder Linken werden, Oberaufseher über die Pferde des Königs, Oberpolizeimeister oder General. Die Leute, an die Echnaton Ämter vergab, geben offen zu: ›Ich war ein Nichts von Vater und Mutter her, der König machte etwas aus mir.‹ Der Oberbildhauer Bek gesteht: ›Seine Majestät unterwies mich und machte mich groß.‹ Der Wesir Ramose beteuert: ›Du, o Pharao, bist der einzige des Aton, der im Besitze seiner Vorschriften ist. Du leitest die Berge, Furcht vor dir ist inmitten ihrer geheimen Kammern wie in den Herzen der Menschen. Die Berge hören auf dich, wie dir das Volk lauscht.‹ – Der König war einziger Priester des Aton, er unterwies Schreiber, Baumeister, Bildhauer, Beamte und Offiziere. Der General Maya läßt uns wissen: ›Mein Herr hat mich befördert, weil ich seine Lehren hörte.‹ Viele der Emporkömmlinge waren Ausländer. Einen der höchsten Ränge nahm ein Asiat namens Tutu ein. Die Königin, die mit Echnaton den Thron teilte, Nofretete, war eine ungewöhnliche Frau von strahlender Schönheit. Vieles deutet darauf hin, daß sie die glühendste Verfechterin des neuen Glaubens war und daß sie in Echnaton den Haß gegen die alten Götter schürte, bis er schließlich sogar die Gräber aufbrechen ließ, um die Namen Amuns und seiner Kinder auch an verborgenen

Echnaton, Nofretete und eine Prinzessin opfern dem Aton

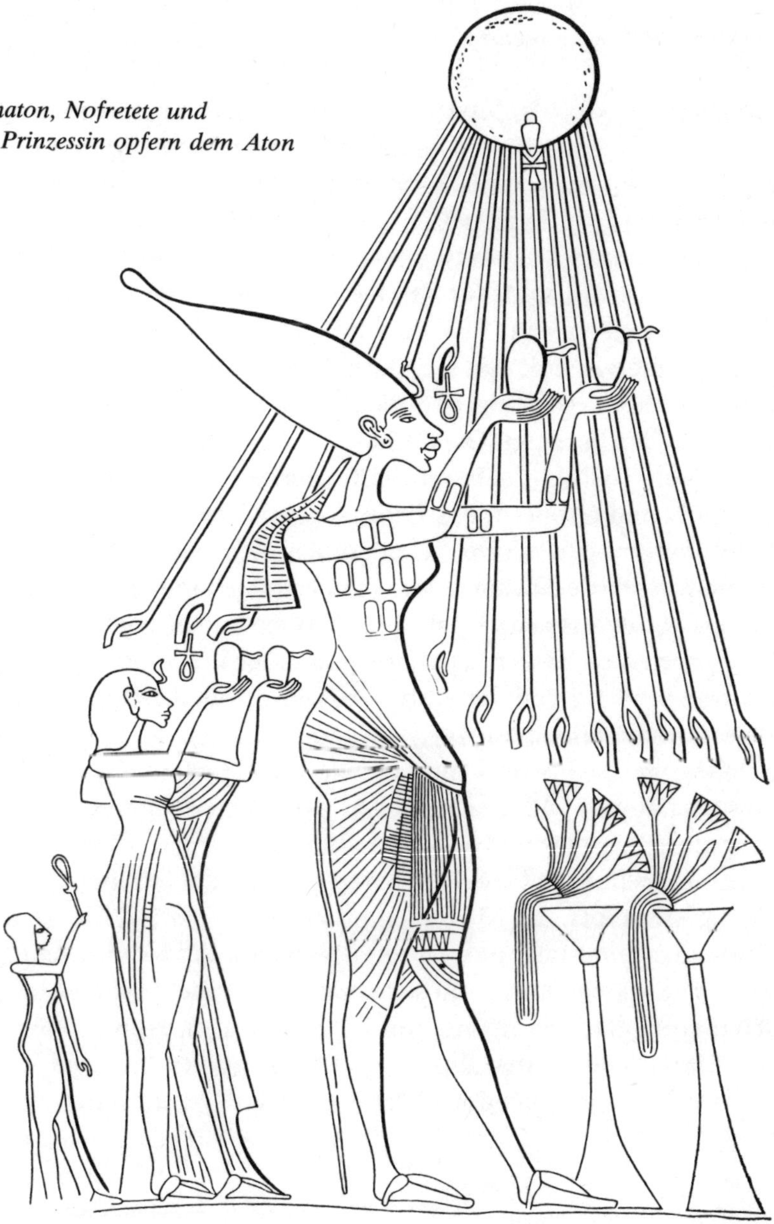

Stellen zu tilgen. Als Zerstörer stellte Echnaton den dritten Thutmosis weit in den Schatten. Besorgt kündigte seine Mutter Teje ihren Besuch an. Sie war nicht mit nach Achetaton gezogen. Nun ließ der Pharao für sie in aller Eile einen Palast bauen, den er Schatten des Aton nannte. Die Mutter kam und riet zur Mäßigung. Der König scheint nicht taub für die beschwörenden Worte der klugen Frau gewesen zu sein. Es kam zum Zerwürfnis mit Nofretete, die nicht bereit war, mit den Gegnern ihres Gottes Frieden zu schließen. Sie bezog einen eigenen Palast. Da wurde auch ihr Name an vielen Stellen beseitigt. Die Familie des Königs, dem Nofretete eine Schar von Töchtern geboren hatte, zerfiel. Das häufigste Bild in Tempeln und Gräbern, das Echnaton inmitten den Seinen gezeigt hatte, verlor seinen Sinn, es entsprach nicht mehr der Wahrheit. Echnaton wurde einsam. Zwar schmeichelten ihm die ›Söhne Niemands, die er aus dem Staube aufgehoben hatte‹, nach wie vor. Sie wünschten ihm, daß er ›glücklich sein möge in seiner Stadt, bis der Schwan schwarz und der Rabe weiß wird, bis die Berge fortwandern und die Flüsse aufwärts fließen‹, sie wünschen ihm ›so viele Schätze, wie die Fische Schuppen, die Vögel Federn und die Bäume Blätter haben‹ – aber sicher nicht ohne den Hintergedanken, es möge möglichst viel davon für sie abfallen. Für die Günstlinge, von denen manche rohe Gesichter hatten, wie Bilder bezeugen, war der König ›der Gott, der Menschen groß macht, der Nil für alle‹. Die Bildhauer und Maler gingen bereitwillig auf des Königs Anregungen ein. Sie stellten ihn und seine Gemahlin und Töchter ohne Beschönigung dar, den König mit langgezogenem Haupt, abstehenden Ohren und breiten Lippen – aber sie gingen in vielen Bildern vermutlich weiter, als der Pharao erwartete, und zeigten ihn und

Die Untertanen Echnatons beten zu Aton

die Seinen mit hängenden Bäuchen und verzerrten Gesichtern und Gliedern. Kindern wurde als Spielzeug ein Gefährt in die Hand gegeben, wie der Pharao es bei seinen Ausfahrten benutzte, bei denen er selbst die Pferde lenkte und seine Leibwache schwitzend neben ihm herlief – aber statt des Pharaos hielt ein Affe die Zügel, und die Pferde bäumten sich auf und keilten aus. Insgeheim wurde der König verhöhnt. Und was schlimmer war: Er wurde betrogen. Aus Briefen, die erhalten blieben, geht hervor, daß sein engster Ratgeber, der Asiat Tutu, ihm verheimlichte, was an den Grenzen geschah.

Aziru, ein hinterhältiger Fürst, offenbar mit Tutu in geheimem Einverständnis, riß in Syrien Stadt um Stadt an sich und belagerte Byblos, das der getreue Ribaddi verteidigte. Dieser wandte sich hilfesuchend an Echnaton: ›Siehe, Aziru hat deine Garnisonen angegriffen, und die Gesandten, die ich nach Simyra schickte, ließ er gefangensetzen. Sowohl die Stadt Beruta wie die Stadt Ziuna bedrängen mich mit Kriegsschiffen. Alle Waffenfähigen im Lande der Amoriter haben sich gegen uns zusammengerottet . . . Gib mir Soldaten!‹ – Es kam keine Hilfe, nicht einmal eine Antwort. Da schrieb Ribaddi: ›Es ist bitter für mich zu schreiben, welches Unheil durch Aziru, diesen verräterischen Hund, über Länder des Königs kam. Wehklagen ist in unserer Festung. Ziehe gegen den Gewalttätigen und vernichte ihn! Dieses ist dein Land. Und seit ich dich angerufen habe und du dich nicht geregt hast, ist Simyra verlorengegangen. Kein Geld, um Pferde zu kaufen. Wir sind geplündert. Schicke dreißig Abteilungen mit Pferden und Wagen und Männer, Männer, Männer – ich habe nichts mehr, nicht ein Pferd!‹ Es sieht so aus, als seien diese Hilferufe niemals bis zu Echnaton gelangt, da Tutu mit Aziru im Bunde war. So kam es, daß schließlich auch Byblos fiel, daß die Hethiter vorrückten und die syrischen Fürsten eine ägyptische Provinz nach der anderen nahmen. Die Chabiru fielen in ägyptisches Gebiet ein. Megiddo, Askalon und Gezer riefen um Hilfe. Die Schreie verhallten ungehört. Vergebens erinnerten die Verlassenen an den dritten Thutmosis, der jeden Aufrührer sofort gezüchtigt hatte. Echnaton plante Aton-Städte in Asien und Nubien. Tutu und andere schlossen ihn von der Welt ab, der er einen neuen Glauben bringen wollte. So war er schließlich sein eigener Gefangener in der Wüstenbucht, in der er seinem Gott ein Paradies erschaffen hatte. Die zunehmende Unsicherheit machte vor dem Horizont des Aton nicht halt. Im Grabe eines Polizeiobersten ist ein Verhör von Spionen dargestellt, hinter denen ein Feuer brennt, um sie zum Reden zu bringen . . . Zwölf Jahre nachdem der Pharao den Göttern Thebens den Kampf angesagt und die Priester ihrer Einkünfte beraubt hatte, holten diese zum Gegenschlag aus. Sie hatten alle hinter sich, die sich durch Echnaton geschädigt fühlten: Amulettfabrikanten und -händler, Opferbrotbäcker und Uschebtiverfertiger, Offiziere und Soldaten, denen keine Beute mehr winkte. Das Volk vertraute Osiris mehr als der glänzenden Scheibe, deren Strahlen doch nur den König trafen und die wenigen, mit denen er Umgang hatte. Enttäuschte, Erbitterte, Ehrgeizige, Träge und ernstlich Besorgte taten sich gegen den Pharao zusammen. Es kam zum Aufstand. Die Gegner wüteten derart, daß die Stadt des Aton vom Boden verschwand. Sie wurde so eilig aufgegeben, daß die Bildhauer ihre Modelle zurückließen, die Beamten das Archiv mit Briefen von Königen. Man nahm sich nicht einmal die Zeit, die Hunde aus den Zwingern zu befreien, die Vögel aus den Käfigen. Wie Echnaton die Namen und Bilder der Götter zerstört hatte, so wurde nun das Zeichen Atons überall getilgt: in Steinbrüchen, Gräbern und Tempeln. Der Name, den der Verfemte sich gegeben hatte, durfte nicht mehr genannt werden. Er hieß künftig Frevler von Achetaton. Die Priester von Theben triumphierten.

Nicht viel mehr als ein Jahrzehnt hatte der Horizont des Aton gehalten, dann war er eingestürzt und hatte den erstaunlichsten aller Pharaonen unter sich begraben. Echnaton war an den Widersprüchen in seiner Brust gescheitert: Er hatte die Liebe verkündet – und hatte andere um ihres Glaubens willen verfolgt; er hatte Niedrige erhoben – und hatte zugelassen, daß sich deren Rücken vor ihm krümmten; er hatte allen Völkern ein Vater sein wollen – und hatte die Hilferufe der Seinen überhört; er hatte Blumen und Vögel geliebt – und hatte doch täglich die Gesichter von Negern, Libyern und Asiaten, mit denen der Aufweg zu seinem Palast bedeckt war, mit Füßen getreten. Er hatte versucht, anderen Menschen den Blick dafür zu öffnen, daß einer des anderen Bruder sei. Sein Unglück war, daß die Völker es nicht aufgaben, einander zu hassen. Echnaton wollte die Menschen aus der Bevormundung durch herrschsüchtige Priester befreien, die Schätze in den Tempeln aufhäuften. Dieser König war ein Rufer in der Wüste. Weil er selbst nicht frei von Irrtümern war, vor allem aber, weil weder Ägypter noch andere Völker ihn verstanden, ging er unter. Er war seiner Zeit voraus, aber er wirkte weiter, viel stärker als ein Thutmosis oder Ramses, vor denen die anderen Völker und die Ägypter zitterten. Mit seinem Sonnengesang streute Echnaton eine Saat aus, die aufging und Früchte trug. In einem viel späteren Papyrus tauchten die Worte auf: ›Ihr fragt, wer die sind, die uns zum himmlischen Reiche führen? Die Vögel der Luft und alle Tiere unter und auf der Erde, die Fische des Meeres, die sind es, die uns führen, und das himmlische Reich ist in uns.‹ – Solche Worte gehen auf Echnaton zurück, der verkündet hatte, daß alle Menschen Kinder eines Vaters seien. Seinem Herrscheramt war er nicht gewachsen, aber er gehörte zu den großen Lehrern der Menschheit.

Wiederentdeckt wurde Echnatons Stadt von deutschen Ausgräbern. Sie fanden Achetaton, das jetzt Amarna hieß, und sahen gründlich nach. Sie entdeckten etwa 300 Briefe von asiatischen Königen, auf Tontafeln in Keilschrift geschrieben. Als alles entziffert war, gab es keinen Zweifel, daß sie auf Echnatons Staatsarchiv gestoßen waren.

Fünfzehn Jahre später fand Petrie spärliche Reste von Atontempeln und von der Kaserne der Arbeiter. Sie lag etwas außerhalb von Achetaton, nicht weit von der Stelle, an der einst der größte Alabastersteinbruch in ganz Ägypten gewesen war, Hatnub genannt – Goldhaus. Heute ist dort ein Krater, wie von einem fallenden Stern gerissen, 60 bis 100 Meter im Durchmesser. Mindestens seit Cheops hatte er Alabaster geliefert. Die Arbeitersiedlung, die Petrie fand, bestand aus dürftigen Behausungen. Im Jahre 1911 entdeckte dann der Deutsche Borchardt mit seinen Helfern, die ein ausgedehntes Grabungsfeld abgesteckt hatten, unter anderem die Werkstatt des besten Bildhauers der neuen Stadt. Wunderbare Plastiken wurden im Ruinenschutt gefunden, auch jene Nofretetebüsten, die Weltruhm erlangten.

Der Engländer Woolley erzählt in einem seiner Bücher, daß er in Amarna zunächst nur ein paar Mauerreste fand; dann stieß er auf zwei Steintrommeln, die einmal zu Säulen gehört hatten. Sie waren zerstoßen. Es war offensichtlich, daß der Tempel, der hier gestanden hatte, als Steinbruch ausgebeutet worden war. Aber von Spuren im Mörtel, der das Fundament deckte, konnte abgelesen werden, wie die Steinblöcke, auf denen sich die Mauern erhoben hatten, einmal gebettet worden waren. Und als der Mörtel abgehoben wurde, kamen feine Linien zum Vorschein: der Plan des Architekten, mit Schnüren, in rote Farbe getaucht, auf den Grund aufgetragen. In Löchern, die in den Boden getrieben waren, fanden sich Holzreste, letzte Überbleibsel großer Fahnenstangen, die vor dem Tempeltor aufgepflanzt gewesen waren. Ein Anhaltspunkt um den andern ergab sich, schließlich konnten die Ausgräber den

Tempel, von dem nicht ein Stein auf dem andern geblieben war, rekonstruieren – die ganze Aton-Stadt erstand vor ihnen, wie der Ketzerkönig sie aus dem Nichts erbaut hatte.

Als Woolley die Arbeitersiedlung genau untersuchte, stellte er fest, daß die einzelnen Häuser einander aufs Haar glichen. Nur ein Haus hatte die Tür nicht nach vorne heraus – es kehrte der gegenüberliegenden Häuserzeile den Rücken. Offensichtlich hatte es der Mann, der in ihm wohnte, mit seinen Nachbarn ein für allemal verdorben. Da er an seinen Arbeitsplatz gebunden war, drehte er das Haus einfach um. Die Stadt Echnatons scheint nicht für alle ein Paradies gewesen zu sein.

Wo das Grab des Ketzerkönigs liegt, weiß niemand. Es ist möglich, daß die erbitterten Amun-Priester ihm ein Begräbnis, das ein Fortleben in der Ewigkeit versprach, nicht zugestanden haben. Im Grabe der Königin Teje, seiner Mutter, fand sich ein Sarkophag mit dem Namen Echnaton und dem Zeichen des neuen Gottes, beides bis auf Reste getilgt. Die Stützen, die den Sarkophag getragen hatten, waren zerfallen. Über dem Antlitz der Mumie lag ein goldener Geier, der sich mit seinen Krallen in den Augenhöhlen des Toten festhielt. Die Entdecker glaubten, die Mumie Echnatons vor sich zu haben. Bei näherer Untersuchung sprach vieles dafür, daß es sich um die Mumie des Nachfolgers Semenchkare handeln könnte, den Echnaton mit einer seiner Töchter vermählt, zum Mitregenten erhoben und vielleicht sogar auf Anraten Tejes dazu ausersehen hatte, eine Versöhnung mit der thebanischen Priesterschaft anzubahnen. So mochte es wohl sein, daß die Diener des Amun Semenchkare und Teje ein Grab gönnten, während die Mumie des Ketzerkönigs vor ihrer Rache sicherlich nicht verschont blieb.

Die Versöhnung wurde erst unter dem Nachfolger Semenchkares Wirklichkeit: unter Tutanchamun, der in Theben residierte und im Tal der Könige sein Grab fand.

Die elfte Geschichte

Im Tal des Schweigens

Das Tal der Könige ist in einer Felswüste verborgen. Dort wächst nicht ein Halm. Nackt wie ein Mondkrater tut das Tal sich auf. Es sah mehr Glanz und Elend, mehr Größe und Erbärmlichkeit, mehr Abenteuer und Enttäuschung als jedes andere Tal in Ägypten, vielleicht auf der ganzen Welt. Zwischen den Felswänden spannt sich bedrückendes Schweigen. Es hat alle Könige, die hier nach dem Tode einkehrten, in sich aufgenommen. Der erste war Thutmosis, der Vater der Königin Hatschepsut. Die früheren Könige hatten Pyramiden gebaut. Aber alle Pyramiden, ob aus Schlammziegeln oder Steinquadern, waren erbrochen und ausgeraubt worden. Nun gingen die Pharaonen dazu über, ihre Gräber zu verstecken. Es war kein sonderlich tiefer Gang, der für den ersten Thutmosis entstand. Die Stollen für spätere Könige wurden doppelt, dreimal, ja fünfmal so tief in den Felsen getrieben – sicherlich nicht nur aus Sorge vor Plünderern. Die Bilder und Inschriften an den Wänden der unterirdischen Gänge und Kammern geben das eigentliche Königsgeheimnis preis. Aber die Angst vor Zerstörern war nur zu berechtigt.

Aus der Zeit der frühesten Grabräubereien ist uns eine Geschichte bekannt, abenteuerlich wie ihre Entdeckung in unseren Tagen. Vor etwa hundert Jahren war die eine Hälfte einer Papyrusrolle nach Europa gebracht worden. Auf ihr war von einem Prozeß gegen Grabschänder die Rede. Doch der Bericht ergab keinen rechten Sinn – die erste Hälfte fehlte. Da fand im Februar 1935 ein belgischer Archäologe in einer hohlen hölzernen Statue eine Papyrusrolle im Innern versteckt. Er fing an, die Rolle mit einer Messerspitze zu entfalten. Er las, und schon das Datum machte ihn stutzig. Es war das Jahr 16 der Regierung Ramses' IX. Nachdem der Anfang der Rolle entziffert war, wurde dem Gelehrten mit einem Schlage klar, daß er die fehlende Hälfte des Grabräuberberichtes vor sich hatte. Und nun konnte der Prozeß von neuem aufgerollt werden: Der Bürgermeister von Theben hatte seinen persönlichen Feind, der für die Sicherheit der Gräber verantwortlich war, beschuldigt, es seien Gräber von Königen und Königinnen geschändet worden. Ein Ausschuß untersuchte den Zustand der Gräber und fand die meisten unversehrt. Ein Königsgrab aber war erbrochen. Die Plünderer hatten einen Gang gegraben und die Mumie des Königs geraubt. Ebenso war das Grab der großen königlichen Gemahlin verletzt. Auch im Tal der Königinnen, der ›Stätte der Schönheit‹, war ein Frevel verübt worden.

Ein Kupferschmied gestand vor Gericht, daß er in die Gewohnheit verfiel, zusammen mit dem Steinmetz Haspwer Gräber auszuplündern; vom Jahre 13 des neunten Ramses an sei er dazu übergegangen, mit dem Schreiner Setnacht, dem Dekorateur Hapio, einem Landarbeiter und dem Bootsmann des Bürgermeisters von Theben Königsgräber auszurauben, die ungleich mehr hergaben als die Gräber der Adligen, mit denen sie sich vorher begnügt hatten. Amenpnufer legte ein umfassendes Geständnis ab: ›Mit Kupfermeißeln bahnten wir uns einen Weg durch das rohe Mauerwerk, mit dem die Gänge verstopft waren. Wir fanden den König, diesen Gott, und seine Gemahlin, und wir öffneten die Sarkophage. Die edle Mumie war über und über mit Gold bedeckt, und seine Särge waren von Silber und Gold und edlen Steinen. Wir nahmen diesem Gott alles Gold und nahmen auch anderes mit, goldene, silberne und kupferne Geräte, und brachten sie über den Fluß. Was wir zurückließen, steckten wir in Brand. Nach einigen Tagen aber ließ mich der Oberaufseher über die Gräber gefangensetzen. Da gab ich dem Schreiber des Stadtviertels meinen Anteil an der Beute, und er ließ mich frei, und ich erhielt von meinem Genossen, was mir zustand, noch einmal. Es gibt noch viele andere, die es so machen wie wir . . .‹

Dieser Fall ereignete sich zur Zeit der Zwanzigsten Dynastie. Es ist für uns schwer zu begreifen, daß solch unerhörte Freveltaten zu jener Zeit überhaupt erwogen werden konnten. Den Einbrechern drohte nicht nur Folter und qualvoller Tod, sie mußten auch mit dem Fluch rechnen, mit dem die Priester die Königsgräber versiegelt hatten. ›Ich habe das Gelände um mich her in Flammen gesetzt, die jeden ergreifen, der sich mir feindlich naht‹, so hieß eine der vielen Bannformeln. Trotzdem drangen die Plünderer, meist Handwerker der Totenstadt, in die Gräber der Pharaonen und raubten ihnen, vom Glanz des Goldes magisch angezogen, ihre strahlende Umhüllung. Ohne Zweifel fanden die Einbrecher unter den Wächtern willige Helfer. Anders war eine Überwindung der zahlreichen Fallgruben und meterdicken steinernen Sperren nicht möglich. Totenpriester wurden zu Handlangern der Schänder.

Freilich nicht alle. Es gab eine kleine Schar Getreuer, die sich verschwor, den Räubern wenigstens die Mumien zu entreißen, wenn schon Goldsärge und Amulette nicht zu retten waren. Unter dem Mantel der Nacht, mit einer Heimlichkeit, die Verbrechern ansteht, holten diese letzten Zuverlässigen ihre geschändeten Könige aus den erbrochenen Gräbern und schleppten sie in neue Verstecke. Dreimal wanderte der dritte Ramses – schließlich fanden sich im Grabe Amenophis' II., des Königs mit dem sagenhaften Bogen, dreizehn Königsmumien zusammen, und in ein Felsenversteck über dem Tempel von Der el Bahri wurden sogar sechsunddreißig königliche Mumien samt ihren Steinsarkophagen gebracht, bei tiefer Nacht und auf beschwerlichem Pfad über die kahlen Höhen. Dreitausend Jahre lang blieben sie dort unangetastet. Erst in unseren Tagen wurden sie von neuem aufgestört – denn die Gilde der Grabräuber hat alle Pharaonendynastien überdauert.

Es war im Jahre 1871, als ein gewisser Achmed Abderrasul, sein Bruder Mohammed und ein Mann, der nicht zur Sippe gehörte, bei heimlichen Grabungen auf den zugemauerten Schacht stießen, der zum Mumienversteck führte. In aller Eile wurde die Mauer durchbrochen. Achmed Abderrasul ließ sich an einem Seil in die Tiefe. Er drang durch einen waagerechten Gang bis in die Kammer, in der die Sarkophage zusammengepfercht waren. Ein Blick genügte, um dem erfahrenen Grabräuber zu sagen, daß nichts nötiger war, als den dritten Mann auszuschalten. So brach er in Schreckensrufe aus, ließ sich schleunigst hochziehen und gab oben an, dort unten wohne ein Afrit, ein böser Geist. Die drei ergriffen die Flucht. Die beiden Brüder aber kehrten, noch im Dunkel, mit einem umgebrachten Esel zurück und warfen ihn in die Grube, des üblen Geruches wegen, mit dem böse Geister sich verraten. Der Esel erfüllte die Hoffnung der Brüder bald. Der Schacht wurde zum gemiede-

Goldmaske, die das Antlitz der Mumie Tutanchamuns bedeckte (Vorderseite)

Rückenlehne eines Thronsessels aus dem Grabe Tutanchamuns. Der junge Pharao und seine Gattin Anchesenamun unter den Strahlen des Aton (Rückseite)

nen Ort. Nur Mitglieder der großen Familie Abderrasul tauchten zuweilen, durch einen Schwur zum Schweigen verpflichtet, in das Versteck und nahmen von den Schätzen, die den toten Königen geblieben waren. Es war genug, um selbst eine so weitverzweigte Sippe auf viele Menschenalter hin sicherzustellen. Doch zehn Jahre später wurde der Leiter des Museums in Kairo, ein hervorragender Gelehrter namens Maspero, stutzig, da immer neue Grabbeigaben von unschätzbarem Wert und rätselhafter Herkunft bei Sammlern in Europa und Amerika auftauchten. Maspero setzte einen seiner jungen Assistenten auf die Spur der Räuber, die nach Kurna führte. Der Assistent tarnte sich als wohlhabender Reisender. Er kaufte Fundstücke auf, und da er gut bezahlte, wurde ihm mehr gebracht. Schließlich gab es für den Detektiv keinen Zweifel mehr, bei wem alle Fäden zusammenliefen: einem Mann namens Mustafa Aga Ayat, der zugleich englischer, russischer und belgischer Konsul in Luxor war, und bei – Achmed Abderrasul. Letzteren ließ der Assistent verhaften, der Diplomat war vor dem Zugriff geschützt. Achmed wurde verhört. Er leugnete. Er widerstand Drohungen und Bestechungsversuchen, selbst der Folter. Als er nach zwei Monaten entlassen wurde, zeigte er dem dreifachen Konsul die Folterspuren an seinen Füßen und verlangte einen größeren Anteil. Bisher hatte er sich mit einem Fünftel begnügt. Nun wollte er die Hälfte. Der Konsul sagte nein. In der Familie Abderrasul brach ein Streit aus. Der Rachedurst riß schließlich Mohammed Abderrasul hin. Er wollte den Konsul treffen, ging zum Mudir und verriet das Versteck. Nach Kairo ging ein Telegramm. Emil Brugsch, der Bruder des großen Gelehrten, der als Schüler die demotische Grammatik verfaßt hatte, machte sich unverzüglich auf den Weg, stieg in den Schacht und – sah sich einer Versammlung von Pharaonen gegenüber, wie sie auch ein Archäologe sich nicht hatte erträumen können. Unverzüglich begann er mit der Bergung. Die Mumien lagen in den steinernen Sarkophagen, die einstmals die goldenen Särge umschlossen hatten. Innerhalb von zwei Tagen räumte Brugsch mit Hilfe von 200 Arbeitern das Versteck aus. 48 Stunden erbarmungsloser Arbeit genügten, um alles aus dem Schacht und an den Nil zu schaffen. Von zwölf oder auch von sechzehn Männern wurden die Sarkophage getragen. Drei Tage später entführte ein Dampfer die Könige stromab. Und nun ereignete sich etwas, das niemand erwartet hatte: Auf der ganzen Strecke von Theben bis Koptos eilten die Fellachen an den Nil. Männer feuerten ihre Gewehre ab, Frauen bewarfen ihre Gesichter mit Sand und brachen in den gleichen schrillen Klageruf aus, mit dem einstmals die Pharaonen zu ihren Gräbern geleitet worden waren. Es gibt Leute, die meinen, daß dies eine Huldigung Ägyptens, vielleicht die letzte, für seine Könige aus längst versunkenen großen Tagen gewesen sei. Doch nebenbei waren die Schüsse und Schreie sicher auch gegen jene Fremden gerichtet, die 36 königliche Mumien entführten, wenn auch in das Museum von Kairo. Die Ansässigen fühlten sich um sagenhaft viel Gold und anderes, das zu Geld gemacht werden konnte, betrogen.

Seit es die Ausgräber am Nil gab, sahen sich die Raubgräber in ihren Unternehmungen weit stärker behindert als durch Polizisten und Soldaten, die gelegentlich auf ihre Spur gesetzt wurden. Diese Bewaffneten drückten sehr oft ein Auge zu, nicht um zu schießen, sondern um nicht ganz so genau hinzusehen. Doch die Forscher gingen, was für die Plünderer unbegreiflich war, so weit, ihr Leben einzusetzen, obgleich sie doch alles, was sie entdeckten, wieder hergaben. Man weiß von zahlreichen Zusammenstößen zwischen Plünderern und Archäologen – einer sei für alle anderen erzählt.

Howard Carter, ein Engländer, der bei Petrie und Davis und anderen berühmten Ausgräbern bereits über zwei Jahrzehnte Erfahrungen gesammelt und eine Reihe erstaunlicher Funde im Tal der Könige gemacht hatte, befand sich 1916 in Luxor. Seit Jahren war er Chefinspektor für die Ausgrabungen in Oberägypten und Nubien, doch hatte er eben für ein paar Wochen Urlaub genommen. Durch Männer von Kurna, die er zu Helfern herangebildet hatte, wurde er eines Tages alarmiert. Sie teilten ihm in höchster Erregung mit, daß ein Gefecht zwischen Räuberbanden in den Felsen über dem Tal der Könige im Gange sei. Anlaß dieser Schießerei konnte nur ein Fund sein, den die eine Bande gemacht hatte und den sie für so wichtig hielt, daß ihr jedes Mittel recht war, ihn für sich zu sichern. Die Zeiten, in denen der üble Geruch eines ›Afrit‹ genügt hatte, waren vorbei. Der Erste Weltkrieg tobte. Millionen Menschen rotteten einander aus. Die Banden glaubten freie Bahn zu haben.

Carter zögerte nicht einen Augenblick. Mit ein paar Männern, guten Lampen und einem starken Seil machte er sich auf den Weg. Als der kleine Trupp die Berge erstiegen hatte, war die eine Bande bereits aus dem Felde geschlagen. Die andere war dabei, Beute zu machen. Carter überraschte zwei Männer, die ein Seil bewachten, das in einen Schacht hinabhing, von dem er nichts gewußt hatte. Die Posten ergriffen die Flucht, als sie Carter erkannten. Carter horchte in die Tiefe, er hörte, daß dort unten eine Gruppe von Männern am Werk war. Da schnitt er das Räuberseil ab. An dem erprobten Seil, das er mitgebracht hatte, ließ er sich in das Räubernest hinab. Es war eben Mitternacht. Unten gab es ein paar ungemütliche Augenblicke, als Carter zwischen den acht verwegenen Burschen, die dort unten wühlten, auftauchte. Er wußte, daß sie zu allem fähig waren. Aber er machte ihnen klar, daß sie in der Falle waren. Er stellte sie vor die Wahl, sich mit Hilfe seines Seils aus dem Staub zu machen – oder ohne Seil zu bleiben, wo sie waren. Sie entschieden sich für die Möglichkeit, ungeschoren zu entkommen. Carter blieb den Rest der Nacht am Tatort. Er ging sofort daran, die Kammer, in der er die Grabräuber aufgestöbert hatte, zu durchforschen. Er fand einen steinernen Sarg, weiter nichts. Dieser Sarg war nicht erbrochen, doch er war leer. Genauere Untersuchungen ergaben, daß es sich bei der Kammer, in die Carter bei der Verfolgung der Räuber unversehens gelangt war, um das erste der beiden Gräber für Hatschepsut handelte.

Die Räuber waren leer ausgegangen. Aber nicht auch der Archäologe? Keineswegs. Für ihn war der Sarkophag aus kristallischem Sandstein, der für die Plünderer nicht den mindesten Wert hatte, eine bedeutsame Entdeckung. Sie warf neues Licht auf die große Königin. Das bescheidene Grab außerhalb des Königstales zeigte deutlich, daß Hatschepsut nicht von Anfang an Gottesgemahlin *und* Pharao in einer Person war. Alleinige Herrscherin, in deren Schatten der dritte Thutmosis grollend stand, war sie erst, als sie ihr Punt in Der el Bahri erbauen ließ und im Tal der Könige ein Grab, das tiefer als alle anderen Königsgräber in den Felsen gehauen ist. Auch an der Auffindung dieses Grabes war Carter beteiligt. Seine große Stunde aber schlug, als er den jungen König entdeckte, den ›goldenen Pharao‹, das Grab Tutanchamuns.

Die zwölfte Geschichte

Das Königsgeheimnis

Wenn an einer Entdeckung im Tal der Könige gezeigt werden kann, was Ausgraben heißt, dann an Carters Fund. – Carter, der wie sein Vater ein guter Zeichner war, hatte bereits als junger Mann für einen Ägyptologen Skizzen kopiert. Das hatte er so gut gemacht, daß der Gelehrte ihn im folgenden Jahr mit ins Land der Pharaonen nahm. Carter half bei Ausgrabungen. Und im Jahr 1907, als Lord Carnarvon das Recht für Grabungen erwarb, wurde Carter als Ausgrabungsleiter empfohlen. Als Lord Carnarvon und Carter begannen, war das Tal zerwühlt, wohin auch der Blick fiel. Schuttberge sagten deutlich: Hier wurde gegraben. Aber es gab keine Aufzeichnungen, auf die Verlaß war. Carter entwarf eine Karte. Er teilte das Tal in scharf begrenzte Abschnitte, und jedes Feld, das in der Folge an die Reihe gekommen war, strich er aus. Aber trotz aller Hartnäckigkeit wurde bis zum Jahre 1922 nichts Wesentliches gefunden. Im Sommer lud der Lord Carter zu sich auf seinen englischen Landsitz ein. Er dankte dem Archäologen für seinen Einsatz. Dann gestand er, daß er keine Hoffnung mehr habe, je etwas zu finden. Carter pochte auf seine Karte. Es blieb noch ein geräumiges Dreieck, von dem Schutt und Sand noch nicht bis auf den Felsgrund abgetragen waren. Der Lord willigte in einen letzten Versuch ein. Carter ging im Herbst nach Ägypten.

Am 28. Oktober traf er in Luxor ein. Neun Tage später telegraphierte er an Carnarvon, daß ein Grab mit unverletzten Siegeln

Siegel Tutanchamuns

entdeckt worden sei: in unmittelbarer Nähe des Grabes von Ramses VI. Dicht daneben hatte Carter bereits zweimal gegraben, aber aufgehört, weil weder Besuchern der Weg abgeschnitten noch die Reste von Bauhütten, die aus der Ramseszeit dort noch standen, abgebrochen werden sollten. Nun aber entschloß sich Carter dazu. Am 3. November ließ er mit dem Abreißen der Grundmauern beginnen. Am Morgen tauchte plötzlich eine Stufe im Felsen auf. Zwölf Stufen lagen schließlich frei – und der obere Rand einer Tür, an der unverletzte Siegel der Totenstadt, der Schakal und neun Gefangene, sichtbar wurden. Mit zitternden Händen brach Carter ein Loch in die Tür. Er leuchtete in den Gang, der mit Steinen ausgefüllt war. Ein gutes Zeichen! Carter ließ das Grab wieder zuwerfen. Er ritt fort, um an den Lord zu telegraphieren. Der Lord kam mit seiner Tochter am 23. November in Luxor an. Am folgenden Tage wurde die ganze Treppe freigelegt. Am unteren Teil der Tür waren Siegel des Tutanchamun. Eine Frage erhob sich, die Carter beunruhigte: Warum zwei verschiedene Siegel? Carter sah schärfer hin. Er machte eine bittere Entdeckung – das Grab war ein zweites Mal versiegelt worden, weil Räuber es erbrochen hatten. Die Arbeit ging weiter. Die Tür wurde geöffnet, der dahinterliegende Gang ausgeräumt. Am 29. November war Carter bis an die zweite Tür vorgedrungen. Auch sie war mit zweierlei Siegeln verschlossen. An

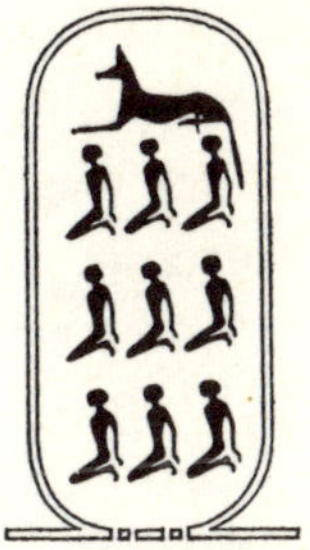

Siegel der Totenstadt

der Stelle, an der Unbefugte eingedrungen waren, befanden sich die Siegel der Totenstadt. Carter brach eine Öffnung. Er führte eine Eisenstange ein und stieß ins Leere. Dann leuchtete er durch das Loch und spähte in die Kammer. Der Lord, seine Tochter und der Archäologe Callender warteten auf Carters Worte wie auf ein Urteil. »Können Sie etwas sehen?« fragte der Lord. – »Ja«, sagte Carter, »erstaunliche Dinge.«

Als die flackernde Kerze sich beruhigt hatte, erkannte Carter einen goldenen Thronsessel, goldene Bahren, Wagen, Statuen, Alabastervasen, Schreine, Lampen, ein unglaubliches Durcheinander von Kostbarkeiten – und eine dritte Tür, an der ebenfalls Siegel schimmerten. Es dauerte Wochen, bis diese Tür untersucht werden konnte. Erst mußte die Fülle der herrlichen Gegenstände, die goldstrahlenden Ruhebetten mit Löwen-, Kuh- und Nilpferdköpfen, die goldenen Bogen und Stäbe, die Truhen und Statuen ausgeräumt werden. Vor der Tür standen zwei lebensgroße Wächter aus Holz, schwarz, mit goldenem Schmuck, an der Stirne die Königsschlange, den Heroldstab in der Hand. Carter zweifelte nicht einen Augenblick, daß sie als Posten vor der Grabkammer standen. Ehe er jedoch die dritte versiegelte Tür aufbrach, machte er eine weitere Entdeckung. Von der Vorkammer führte eine vierte versiegelte Tür zu einem Seitengemach. In dieser Tür war ein Loch, unverkennbar von Plünderern gebrochen. Ein Blick in die Kammer bestätigte die Vermutung: In ihr lag alles in so heillosem Durcheinander wie nach einem Erdbeben. Es war offensichtlich: Räuber waren in das Grab eingedrungen. Unbestechliche Wächter hatten sie auf frischer Tat ertappt. In größter Eile, vermutlich beschämt, daß ihre Wachsamkeit nicht genügt hatte, hatten die Verantwortlichen die erbrochenen Türen von neuem versiegelt. Für gründliches Aufräumen war keine Zeit geblieben. Das nahm Carter in Kauf. Was ihn aber ernstlich beunruhigte, war die Feststellung, daß auch die dritte Tür, vor der die hölzernen Wächter seit Jahrtausenden standen, verletzt und wieder verschlossen worden war. Immerhin ließen die Siegel einiges erhoffen.

Die Nachricht von der Entdeckung hatte sich wie ein Lauffeuer verbreitet. Die Weltpresse brachte Schlagzeilen. Scharen von Besuchern eilten aus allen Ländern herbei. Die Straße, die in das Tal führte, war von Wagen und Tieren und Neugierigen verstopft. Um das Grab vor Reporterschwärmen zu sichern, übertrug Lord Carnarvon das alleinige Recht der Berichterstattung einer einzigen Zeitung, was ihm gehässige Angriffe einbrachte. Monatelang glich das Grab einer belagerten Festung. Aber es kamen auch Helfer: die Archäologen Winlock und Mace, Gardiner und Breasted, die Zeichner Hauser und Hall, der Fotograf Burton, Botaniker und Chemiker und ein Anatom. Jeder Gegenstand, so winzig er auch war, wurde auf fotografischen Platten, Zeichen- und Karteiblättern festgehalten. Das benachbarte Grab Sethos' II. diente als Laboratorium. Um den Zerfall von Hölzern, Geweben, Federn und Farben zu verhindern, mußten zum Teil langwierige Verfahren angewendet werden. Nur so war es möglich, den Fund auszuwerten. Aus dem kleinen Strauß von Blumen, der auf einer Schwelle im Grab gefunden worden war, konnte der Botaniker feststellen, daß Tutanchamun zu einer Zeit bestattet worden war, in der Kornblumen und Mandragora blühten, also in der Spanne zwischen Mitte März und Ende April. Um auf den Boden einer gefüllten Truhe, die mit herrlichen Jagdbildern bemalt war, zu gelangen, brauchte Carter drei volle Wochen. An die 700 einzelne Stücke enthielt allein die Vorkammer. Neben der anstrengenden Kleinarbeit gab es täglich erbitterte Auseinandersetzungen mit Reisegesellschaften, Zeitungsleuten und Geschäftstüchtigen aller Art. Endlich, am 17. Februar 1923, war es soweit: die Vorkammer war ausgeräumt, die dritte versiegelte Tür konnte geöffnet werden. Etwa 20 geladene Gäste, Gelehrte und Regierungsmitglieder, nahmen auf Stühlen Platz. Es war atemlos still, als Carter mit der Öffnung der versiegelten Türe begann. Nach etwa 10 Minuten war die Öffnung so breit wie zwei Hände. Carter nahm eine elektrische Lampe und blickte in den Raum hinter der Tür. Er sah eine goldene Wand, sie war so nah vor ihm, daß er sie mit ausgestreckter Hand erreichen konnte. Er brach weitere Steine weg. Nun konnten auch die geladenen Gäste die goldene Mauer sehen. Als die Türe offenstand, war es den Forschern klar: Was sie sahen, war der große Schrein, der den Sarg bergen mußte. Oft hatten sie solche Schreine an den Wänden von Gräbern abgebildet gesehen, niemals aber war ihnen einer in Wirklichkeit begegnet. In größter Erregung stiegen Carter und der Lord in die Kammer. Es war nur ein schmaler Gang, der um den goldenen Schrein frei geblieben war, und er war mit Grabbeigaben verstellt. Dieser Schrein war über fünf Meter lang, über drei Meter breit und fast drei Meter hoch. Er war über und über mit Gold bedeckt, mit Figuren von feinster Arbeit. Nachdem auch die Gäste den Schrein umschritten hatten, öffnete ihn Carter. Er war nicht versiegelt. Carter schob den Riegel zurück. Knarrend gingen die Türen auf. Ein zweiter Schrein kam zum Vorschein. An seiner Tür war ein Siegel. Es war unverletzt. Carter atmete auf. Der zweite Schrein war wie der erste mit Gold überzogen. Auf ihm lagen Tücher. Carter schloß die Türe wieder – so leise es ging. Er wußte nun, daß der junge König im Sarge zugegen war. Es widerstrebte ihm, das Siegel hastig aufzubrechen. Ehe er aus der Sargkammer trat, machte er eine weitere Entdeckung. In der Ostwand, gegenüber der Tür des großen Schreins, war eine unverschlossene Tür. Die Kammer, in die sie führte, war voll von Wundern. Da gab es goldene Triumphwagen, einen Schrein, von goldenen Göttinnen bewacht, ein großes Bildnis des Gottes Anubis, unübersehbare Schätze. Aber was war dies alles gegen die Gewißheit, daß der goldene Schrein, der den König barg, unverletzt war! Zum erstenmal war Carter an eine Tür geraten, die keines Räubers Hand berührt hatte. Als er das Grab verließ, erschien ihm das Tal selbst verändert und in einem besonderen Licht. Er konnte hoffen, einen vollen Forschersieg zu erringen.

Dieser Sieg wurde teuer erkauft. Im März kam es zum Zerwürfnis zwischen Carter und Lord Carnarvon. Der Lord bestand darauf, daß ihm ein Teil der entdeckten Dinge gehöre. Carter widersprach: Ein solch beispielloser Fund müsse ungeteilt bleiben, weder er noch der Lord hätten den geringsten Anspruch. Die Entdeckung sei zu bedeutend, als daß persönliche Interessen eine Rolle spielen dürften. Im April starb Lord Carnarvon, Carter verlor seinen schwierigen Freund endgültig. Völlig auf sich gestellt, arbeitete er weiter. Das folgende Jahr wurde darauf verwendet, die Schreine auseinanderzunehmen. Es waren vier Schreine, jeder goldüberzogen, von unfaßbar feiner Arbeit, ein Schrein kunstvoll in den andern gefügt. In 84 Tagen mühevoller Tätigkeit wurden die 80 Teile, die unhandlich, schwer und äußerst verletzlich waren, zutage gefördert. Carter hatte erregende Stunden hinter sich. Der dritte Schrein war mit einem Strick verschlossen. Carter durchschnitt ihn, entfernte das Siegel, zog die Riegel zurück, ein vierter Schrein zeigte sich. Und erst als die Türen dieses vierten Schreins aufgingen, fiel der Blick auf den Quarzitsarg, der den Goldglanz des innersten Schreins widerspiegelte. Schützend breitete eine Göttin ihre Flügel. Eine mächtige Granitplatte deckte den Sarg. In ihm, das stand nun außer Zweifel, lag seit 3300 Jahren Tutanchamun. Der große Augenblick, in dem der Entdecker dem jungen König ins Antlitz blicken durfte, schien nahegerückt. Da brach zwischen der ägyptischen Regierung und der Familie Carnarvon ein Streit aus. Carter wurde durch unsinnige Vorschriften der Regierung in seiner Arbeit behindert. Amtliche Stellen leiteten einen Besucherstrom in das Grab, in dem das Wertvollste noch an seinem Platz stand. Carter wehrte sich. Da tat die Regierung etwas, das niemand begreifen wird: Sie wies Carter aus dem Grab und untersagte ihm,

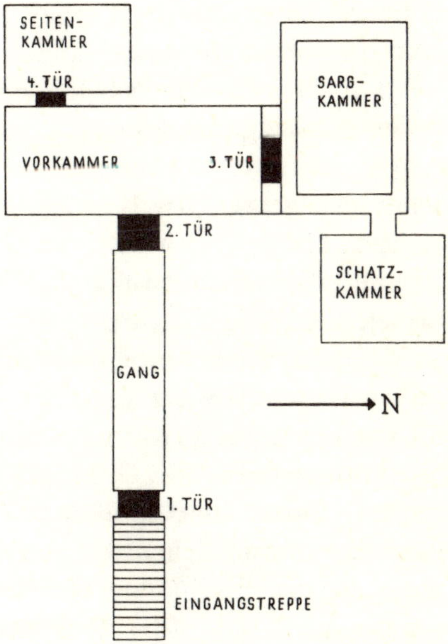

Plan des Tutanchamun-Grabes

es künftig zu betreten. Carter strengte einen Prozeß gegen Ägypten an. Er wurde abgewiesen. Die Regierung veranstaltete aus diesem Anlaß ein Fest. Hunderte von Beamten kamen ins Tal der Könige. Die Felsen hallten von Reden gegen die ›Ausländer und Eindringlinge‹ wider. Ein Feuerwerk wurde abgebrannt!

Aber Haß und Unvernunft behielten nicht für dauernd die Oberhand. Wer hätte auch das ungeheure Werk zu Ende führen sollen! Im Februar 1927 waren in der Vorkammer zum zweitenmal Gäste, die Carter eingeladen hatte. Der zwölf Zentner schwere Granitdeckel des Sarges wurde mit Hilfe von Winden abgehoben. Ein zweiter Sarg kam zum Vorschein. Es war schwierig, ihn aus dem äußeren Sarge zu lösen, da die Wände kaum einen Fingerbreit voneinander entfernt und die Zwischenräume mit Salböl ausgefüllt waren, das im Laufe der Jahrtausende die Härte von Zement angenommen hatte. Als die Tücher, die den zweiten Sarg bedeckten, entfernt waren, wurde ein goldstrahlendes Abbild Tutanchamuns sichtbar. Das Gesicht war aus purem Gold, Augen, Brauen und Lider aus Aragonit, Obsidian und blauem Glas. Starr war dieses Antlitz und doch unbegreiflich lebendig. Auf der Brust aber, zwischen den gekreuzten Händen, die Krummstab und Wedel, die Zeichen königlicher Macht, hielten, lag ein kleiner Blumenkranz. Es gibt kaum einen Zweifel, daß es die junge Königin war, die ihn als letzte Liebesgabe niedergelegt hatte.

Mit unsäglicher Mühe wurde der zweite Sarg aus dem äußeren gelöst. Er war von erstaunlichem Gewicht. Das Rätsel löste sich, als der dritte Sarg sichtbar wurde. Er war aus massivem Gold. Gold, unschätzbar viel Gold, hüllte den Leib des Königs ein. Über seinem Gesicht lag eine schwere Goldmaske, mit Lapislazuli verziert. Finger und Zehen steckten in goldenen Hülsen. Edelsteinbesetzte Ketten umschlossen Hals und Brust. In den Mumienbinden fanden sich über hundert Gruppen goldener Amulette, Ringe und

Schmuckplatten, auf denen die Götter des Himmels und der Erde den jungen König grüßten: ›Komm, o geliebter Sohn, und nimm den Thron des Osiris! Dein Adel ist vollkommen, deine Lauterkeit ein Spiegel des Volkes, dein Name ein Schild der Deinen, o Tutanchamun, o Osiris, der du strahlest wie Aton!‹

Am 11. November 1926, vier Jahre nach der Entdeckung der ersten Stufe, volle zwölf Jahre nach Beginn der Suche, wurde die Goldmaske vom Gesicht des Pharaos gehoben. Der Anatom tat den ersten Schnitt in die Mumienbinden, die vom verschwenderisch verwendeten Salböl verdorben waren. Carter blickte in das Antlitz Tutanchamuns, eines Pharaos, der vermutlich nicht älter als achtzehn Jahre geworden war.

Zu Lebzeiten hatte er als Lebender Horus gegolten, als ein Gott auf Erden. Nun, im Tode, war er in Gold gehüllt. Warum aber waren an den Wänden seiner Grabkammer nicht die heiteren Bilder wie in den Ewigen Wohnungen der Würdenträger? Warum waren die Gänge und Kammern aller Pharaonengräber mit Bildern des Schreckens bedeckt? Da gab es Dämonen mit Henkersschwertern in blutroten Händen, Ungeheuer auf Schritt und Tritt. Hatten nicht die Pharaonen selbst bestimmt, wie ihr Grab aussehen sollte? – Es bleibt nur eine Erklärung: Sie *wußten*, daß auf sie nicht ein Fest ohne Ende, nicht ein ewiger Tag ohne Schatten, sondern eine Prüfung wartete, eine Bewährung in großen Ängsten, ein Gang durch die finsteren Bereiche, in denen die Mächtigen der Unterwelt herrschen, die es darauf abgesehen haben, den Menschen zu schaden. Zwölf Tore, hinter denen Grauen und Qual lauerten, galt es ohne Zagen zu durchschreiten. Es kam darauf an, Auge in Auge mit Dämonen sich geistesgegenwärtig genug zu erweisen, die Widersacher beim Namen zu nennen und sie zum Weichen zu bringen. Ausgeburten des Hasses verstellten den Weg, jeder Winkel war ein Hinterhalt. Es war ein Weg durch zwölf Höllen, der dem König

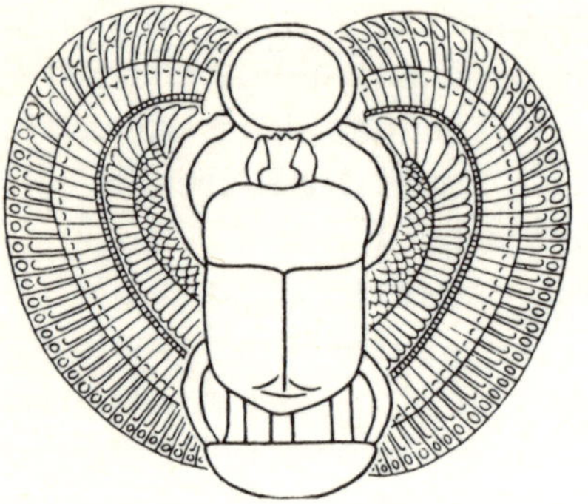

Skarabäus: Neb-Cheperu-Re

nach seinem Tode bevorstand. Und hatte er alle Schreckenspforten überwunden, so war ein letztes Gericht zu bestehen, bei dem Osiris, der gestorben und auferstanden war, auf dem Richterstuhle saß. Ein fürchterliches Wesen hockte im Hintergrund, begierig, den Toten in Stücke zu reißen, falls das Urteil gegen ihn ausfiel. Zweiundvierzig Ankläger, aus allen Gauen der beiden Länder entsandt, unterwarfen den Abgeschiedenen einem Verhör. Er mußte bekennen, ob er keine Maße gefälscht, weder gelogen noch andere verleumdet oder belauscht habe. Eine lange Liste von Verfehlungen wurde ihm wie ein Spiegel vorgehalten. Die Ankläger stellten die Frage: ›Hast du dich je der Trostlosigkeit hingegeben?‹

Dem Toten wurde sein Herz von Horus aus der Brust genommen und von Anubis gewogen. In der anderen Waagschale lag eine Feder, Zeichen der Maat, der himmlischen Gerechtigkeit, die auf Erden zu verwirklichen den Königen aufgetragen war. Hielten sich Herz und Feder die Waage, wurde der Pharao verklärt und bestieg, von Isis geführt, den Thron des Osiris.

Auf all das war der Pharao vorbereitet. Die Bilder und Texte,

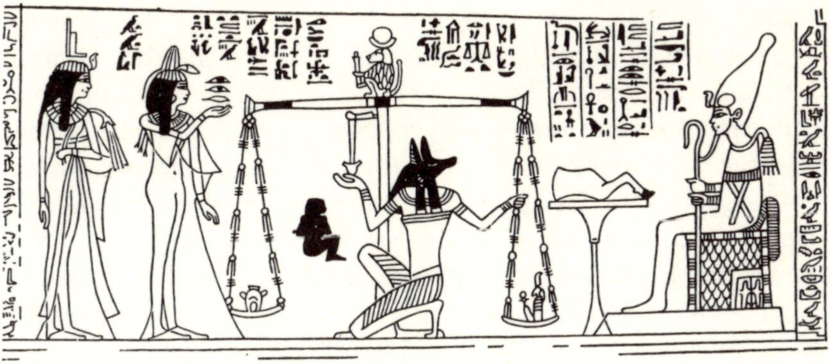

Totengericht nach einem Papyrus des Neuen Reiches

zu seinen Lebzeiten in die Gänge gemeißelt, sollten ihn erinnern, daß er alle Kämpfe schon einmal bestanden hatte. In schweren Übungen, denen er sich beim Tempeldienst unterwarf, lernte sein Geist, sich in höhere Bereiche aufzuschwingen. Von Stufe zu Stufe wurde er in das Geheimnis des Stirb und Werde eingeweiht. Bei solchen Proben konnte es geschehen, daß der Leib des Königs starr wie eine Mumie zurückblieb, als sei er entseelt. Der König erlitt, wie es den Heiligen im Zustande der Entrückung geschieht, das Sterben und erfuhr, daß der Tod kein Ende ist, sondern ein Durchgang.

Der Sonne gleich, die untergeht, um am Morgen strahlend wieder zu erscheinen, stieg der Pharao am Ende seiner Erdenbahn in die Unterwelt ab: ein Sonnensohn, von dessen Antlitz Glanz ausging – daher die Maske aus Gold; mit Fingern, die wie Strahlen funkelten – daher die goldenen Hülsen. Eingeschlossen im Sonnenglanz erschien er vor Osiris, in einem Sarg, der wie die Barke leuchtete, in der die Sonne über den Himmel fuhr.

Die Pharaonen traten den Weg in den Westen im vollen Bewußtsein der Schrecken an, die ihrer harrten. Um nicht zu unterliegen, nahmen sie funkelnde Waffen mit. In siebenfacher Umhüllung, in vier Schreine und drei Särge eingeschlossen, hatte Tutanchamun seine letzte Fahrt angetreten. Weder für die Könige noch für die Dämonen war das Gold, das in die Gräber einzog, bloßes Gold. Der Glanz, der von ihm ausging, war nicht ein Zeichen für Reichtum, sondern von Stärke. Was in den Augen von Grabräubern nichts weiter als begehrenswertes Metall war, bedeutete für den König eine heilige Rüstung, deren Schimmer seine Widersacher erstarren ließ. Das Gold der Pharaonen war ein Licht in der Finsternis, die sie durchdringen mußten, ehe sie den Thron des Osiris besteigen konnten. Das ist das Königsgeheimnis der Pharaonen.

Außer dem jungen König fand Carter Hunderte von Gegenständen – und dem Entdecker, dem die Bedeutung der Zeichen vertraut war, hatte jede Einzelheit etwas zu sagen. Ein winziges Eisenplättchen inmitten all der goldenen Amulette, die sich in den Mumienbinden fanden, deutete auf Beziehungen zum Volk der Hethiter, das sich zu jener Zeit anschickte, mit eisernen Waffen seine Herrschaft über seine Nachbarn aufzurichten. Ein Denkstein tauchte auf, auf dem der junge König dem Ketzergott abschwört

Osiris aus dem Grabe der Königin Nefertari (Vorderseite)

Die Memnonskolosse (Kolossalstatuen Amenophis III.) im westlichen Theben (Rückseite oben)

Das Tal der Könige von oben (Rückseite unten)

und seinen Namen von Tutanchaton in Tutanchamon ändert. Beschriebene Tontäfelchen, erst vor wenigen Jahren in der Türkei gefunden, gaben zwei Briefe der jugendlichen Witwe Tutanchamuns preis. – Plötzlich hob sich der Vorhang, und das Drama des jungen Königs und seiner Gemahlin Anchesenamun rollte vor den Augen der ›Eingeweihten‹ ab.

Tutanchaton war noch ein Kind, als der Untergang der Aton-Stadt heraufbeschworen wurde. Er war in dieser Stadt aufgewachsen und zum Atonglauben erzogen worden. Nofretete nahm ihn nach ihrem Zerwürfnis mit Echnaton mit in ihren Palast, das ›Haus des Aton‹, in das sie sich grollend zurückzog. Echnaton erhob eine seiner Töchter zu sich auf den Thron: Anchesenaton. Sie wurde nach dem Tode des Ketzerkönigs Tutanchamun zur Frau gegeben. Mit zwölf Jahren Pharao, war er ein willenloses Werkzeug in den Händen der Männer, bei denen die Macht lag. Die Priester sorgten dafür, daß er nach Theben zog, sich einen anderen Namen gab und Amun als höchsten Gott anerkannte. All die gekränkten Götter wurden wieder auf ihre Sitze erhoben. Nur noch ›Söhne von jemand‹, Abkömmlinge der Geschlechter, die vor Echnaton am Ruder gewesen waren, konnten zu Würdenträgern aufsteigen. Der wirkliche Machthaber war zu jener Zeit zweifellos schon der General Haremhab, Oberbefehlshaber über das ägyptische Heer. Sobald Echnaton beseitigt war, begann er damit, in Palästina einzumarschieren und die Chabiru zurückzuschlagen, um den Völkern Asiens klarzumachen, daß nicht mehr der Gott, der für alle Völker ein Vater war, in Ägypten das letzte Wort habe, sondern die Schar der Götter und ihrer kriegserfahrenen Diener. Tutanchamun starb früh, mit siebzehn oder achtzehn Jahren. Anchesenamun, in jungen Jahren zum zweiten Male Witwe geworden, tat etwas Unerhörtes. Sie schickte einen Boten in geheimer Mission zum Hethiterkönig, dem Mächtigsten in Asien, und bat ihn, unverzüglich einen seiner Söhne zu schicken. Er solle ihr Mann und König von Ägypten werden. Der Hethiterkönig war mißtrauisch, er wollte erst erkunden, wie die Dinge standen. Anchesenamun beschwor ihn in einem zweiten Brief, nicht länger zu zögern, ›sie wolle nicht einen ihrer Diener zum Manne nehmen‹. Da schickte der Hethiter einen Prinzen. Es war zu spät. Er kam niemals an. Inzwischen waren die siebzig Tage zwischen dem Hinscheiden und dem Begräbnis Tutanchamuns verstrichen. Eje, der Mann, der dem jungen König das Grab bereitet hatte, griff nach Königin und Thron und ließ den Hethiterprinzen beseitigen – oder Haremhab tat es. Jedenfalls bestieg Haremhab den Thron; er stellte mit großer Strenge die alten Zustände wieder her, tilgte alles, was an Echnaton erinnerte, und redete von ihm nur noch als von ›jenem Frevler‹. Waffengeklirr beschloß das Ende der großen Achtzehnten Dynastie, Waffen sprachen auch in der Zukunft das entscheidende Wort. Die Könige, die nun kamen und die man Ramessiden nennt, ›machten ihre Feinde zu Leichen in ihren Tälern‹, wie in den Zeiten vor Echnaton. Tutanchamun und seine Gemahlin, über die auf dem wunderbaren Thronsessel Aton die Strahlenhände breitet, wurden zwischen den beiden Welten des Lichtgottes und des Krieges zermalmt. Im Leben das Werkzeug anderer, durfte der junge König im Tode nicht einmal sein eigenes Grab beziehen. Dieses behielt der ehrgeizige Eje sich vor – für Tutanchamun wurden in aller Eile vier Felskammern ausgehoben, die Felsenkammern, die Carter dann im Jahre 1922 entdeckte. Soviel zeichnet sich heute ab. Vielleicht wissen wir in zehn oder zwanzig Jahren erheblich mehr; das hängt davon ab, wieviel Spuren die Plünderer übrigließen für die Entdecker. Es gibt zu viele zerwühlte Gräber am Nil, zu viele Schächte wurden von solchen heimgesucht, die zu wenig wußten von dem, was im Wüstensand auf sie wartete.

Megdi macht eine Entdeckung

»Nun weiß ich einiges«, sagte Megdi.

»Genug für den Anfang«, sagte Gurgar. »Du warst ein guter Zuhörer. Wer gut zuhört, ist ein guter Frager, auch wenn er nicht fragt.«

Megdi hatte Gurgar beim Wort genommen. Tag für Tag war er zur großen Pyramide herausgefahren. In ihrem Schatten hatte er zwölf Nachmittage zugebracht, und jedesmal war Gurgar mit ihm in eine Geschichte eingestiegen wie in einen Schacht. Pyramiden und Gräberfelder, sogar den Nil sah Megdi nun mit anderen Blikken als vor seinem Abenteuer, bei dem er den Antworter gefunden hatte. Es bedrückte ihn nicht mehr, daß er von Gurgar im gefährlichen Stollen ertappt worden war.

Vor dem Himmel war eine leichte Wolkendecke, als er mit Gurgar den Heimweg antrat. Sie gingen nicht die viel begangene Straße an der großen Pyramide entlang zum Menahaus, vor dem die Straßenbahn hielt, sondern hinunter zum Kanal. Der Weg führte an der Sphinx vorüber. Die beiden traten an den langgestreckten Felsen heran, der zu einem Löwen mit Menschenhaupt geworden war.

»Weißt du, wie das Volk sagt?« fragte Gurgar. »Abu el Hul – Vater des Schreckens. Die Griechen hielten den mächtigen Löwenmenschen für den Beschützer der Totenstadt, einen Wächter in der Wüste. Über nichts anderes in ganz Ägypten wurde so viel gerätselt wie über die Sphinx. Nichts anderes wurde so oft der Wüste entrissen. Archäologen, Kapitäne und Kaiser haben sie freigelegt, und der erste, der sie ausgrub, war ein Pharao. Hier ist vielleicht die älteste Ausgräberstätte der Welt.« Er führte Megdi an den Denkstein heran, den der vierte Thutmosis hatte aufstellen lassen, und las eine Stelle vor: »Und der Gott sprach zu mir: ›Ich bin dein Vater, Horu Chutu, die aufgehende Sonne, und will dir die beiden Länder geben. Du sollst seine rote Krone aufhaben und seine weiße, und das Diadem des Gottes wird dich überstrahlen.‹«

Gurgar lächelte. »Ein so hoher Ausgräberlohn wurde keinem Späteren mehr zuteil.«

Sie blickten an der Sphinx empor, in deren Schatten sie standen. Ungeheuer hob sich das verstümmelte Antlitz gegen den östlichen Himmel. »Seit fünf Jahrtausenden ist es dem Aufgang der Sonne zugewandt, Gott und Pharao zugleich«, sagte Gurgar. »Nicht zu fassen, daß es einmal Leute gab, die es zur Zielscheibe für ihre Kanonen machten.«

Nachdenklich gingen sie weiter, hinunter zu den Feldern, und dann am Rande der Wüste entlang auf die Häuser von Gise zu.

Megdi warf einen Blick auf die Pyramiden, die nun zur Linken lagen. Da sah er etwas, das ihn vollkommen in Bann schlug. Über der Großen Pyramide war die Wolkenschicht aufgerissen. Ein Strahlenfächer hatte sich durch die Lücke geschoben – und da machte Megdi eine Entdeckung: Die äußersten Strahlenbahnen, die vom Himmel bis zur Erde reichten, fielen im gleichen Winkel ein wie die Kanten der Pyramide. Megdi sah eine Pyramide aus Licht, deren verborgene Spitze die Sonne war. Er packte Gurgar am Arm. »Siehst du sie!« rief er, vom Anblick überwältigt. »Eine Pyramide bis in den Himmel!«

»Die älteste Pyramide der Welt!« sagte Gurgar.

Da fielen Megdi die rätselhaften Worte ein, die Gurgar von den

Wänden der Unaspyramide abgelesen hatte: ›Eine Rampe aus Licht ist unter deine Füße gelegt‹ – und plötzlich hatten diese Worte für ihn einen Sinn.

»Du hast eine wichtige Entdeckung gemacht«, sagte Gurgar.

»Aber die Lichtpyramide haben doch sicher schon Tausende gesehen . . .«

». . . wie das Sphinxhaupt von Sakkara«, sagte Gurgar, »aber die Tausende dachten nichts dabei. Erst Mariette ging bei seinem Anblick etwas auf – das ließ ihn zum Entdecker werden.« Sie gingen weiter. Plötzlich sagte Gurgar: »Fast hätte ich es vergessen – bald ist es soweit, daß die Kammer, in der das zweite begrabene Boot liegt, geöffnet werden kann. Ich darf dich dazu mitbringen.«

»Mich?« fragte Megdi.

»Warum nicht«, meinte Gurgar. »Du gehörst doch nun zu uns.«

Zeichen der Unendlichkeit

Dynastien der Pharaonen

Der Ägypter Manetho hat unter dem Makedonen Ptolemaios II. (285 bis 246 v. Chr.) eine Geschichte Ägyptens geschrieben, in der die Pharaonen vom Reichseiniger Menes bis auf Alexander d. Gr. zu 30 Dynastien zusammengefaßt werden. Diese Gliederung hat sich, obgleich in vielem unbegründet, eingebürgert. Durch spätere Funde ließ sich die Liste der Könige erweitern und ihre Regierungszeit genauer festlegen. Mit Ausnahme der Angaben für die 12. Dynastie, für die es einen astronomischen Anhaltspunkt gibt, können die Zahlen um etwa 20 Jahre, in der ältesten Zeit auch etwas mehr schwanken. Der Übergang vom Jägerdasein zum Ackerbau im Nilland vollzog sich im 5. Jahrtausend v. Chr. Die folgenden Zahlen nach Dr. von Beckerath.

I. Thinitenzeit (1. und 2. Dynastie): 2950–2630 v. Chr.

Königen aus dem Ältesten Land, dem Gebiet um Thinis, gelingt die Vereinigung von Ober- und Unterägypten. Als Erbauer der Weißen Mauer, der Residenz, später Memphis genannt, gilt Menes. In dieser Frühzeit grundlegende Leistungen auf allen Gebieten der Kultur, Schaffung von Schrift und Kalender.

II. Altes Reich: 2630–2150 v. Chr.

3. Dynastie: 2630–2580. Unter König Djoser baut Imhotep, der noch von den Griechen als Gott verehrt wurde, den ersten monumentalen Steinbau der Welt, die Stufenpyramide von Sakkara. Huni, der letzte Pharao dieser Dynastie, beginnt die Pyramide von Medum.
4. Dynastie: 2580–2465. Snofru, Cheops, Chephren, Mykerinos und andere. Bau der großen Pyramiden von Daschur und Gise. Reinste Ausprägung altägyptischen Wesens. Pharao als Gott.
5. Dynastie: 2465–2335. Userkaf, Sahure und andere erbauen Sonnenheiligtümer. Heliopolis übernimmt eine führende Rolle. In der Unaspyramide zum erstenmal Pyramidentexte.
6.–8. Dynastie: 2335–2150. Könige Pepi und Teti. In ihren Pyramiden ebenfalls magische Texte. Königin Nitokris. Machtzuwachs der Würdenträger, Erwachen eines individuellen Bewußtseins. Zersplitterung der beiden Reiche, schließlich Umsturz aller bestehenden Werte. Soziales Chaos.
9.–10. Dynastie (Herakleopoliten): Erste Zwischenzeit bis 2134.

III. Mittleres Reich: 2134–1580 v. Chr.

11. Dynastie: 2134–1991. Die Könige Antef, Mentuhotep und andere aus dem Gebiet um Theben einigen das Reich von neuem.
12. Dynastie: 1991–1785. Die Könige Amenemhet und Sesostris führen das Land zu neuer Blüte, erschließen im Fayum durch Bau eines Stauwerkes eine fruchtbare Provinz.
13.–16. Dynastie: 1785–1580. Zweite Zwischenzeit. Asiatische Eindringlinge setzen sich im Delta fest (Auaris) und bringen ganz Ägypten in ihre Abhängigkeit. Zeit der Hyksos.

17. Dynastie: 1630–1580. Thebanische Fürsten, unter ihnen Tao, ›den Re tapfer gemacht hat‹, beginnen die Fremdherrschaft abzuschütteln.

IV. Neues Reich: 1580–1085 v. Chr.

18. Dynastie: 1580–1314. König Ahmose treibt die Hyksos weiter zurück. Die Könige Amenophis I., Thutmosis I. und Thutmosis II. vollenden die Befreiung. Die Friedensfürstin Hatschepsut versucht, zum Pharao aufgestiegen, die Wunden, die dem Lande durch Fremdherrschaft und Kriege geschlagen wurden, zu heilen. Expedition nach dem Weihrauchlande Punt. Ihr Vertrauter Senmut erbaut den Terrassentempel von Der el Bahri.
Der kriegsgewaltige Thutmosis III. begründet das ägyptische Weltreich. Unter seinen Nachfolgern Amenophis II., Thutmosis IV. und Amenophis III. Abrücken der Könige von Theben. Amenophis IV. (Echnaton) vollzieht den Bruch mit den alten Göttern und der Welteroberung, erbaut den ›Horizont des Aton‹ und begründet den Amarnastil. 1358 wird er als ›Ketzer‹ verfemt, seine Stadt zerstört. Auf ihn folgen Tutanchamun, Eje und Haremhab, vom General zum Pharao aufgestiegen.
19. und 20. Dynastie: 1314–1085. Ramses I.–XI., Sethos I. und II. und andere Könige. Kampf gegen die »Seevölker«. Reiche Bautätigkeit, besonders unter Ramses II.

V. Spätzeit (21.–30. Dynastie). 1085–341 v. Chr.

Priesterkönige, Pharaonen aus Bubastis, Sais, Äthiopien, Persien und Mazedonien lösen einander ab, bis Ägypten zu einer Provinz

Roms wird. Erstarrung auf allen Gebieten der Kultur, Entartung im Religiösen, so sehr, daß einer der letzten Seher des Nillandes prophetisch ausrief: »O Ägypten, Ägypten! Seine Religion wird nur mehr eine Fabel sein, die deine eigenen Kinder nicht mehr für wahr nehmen! Nichts als Worte werden übrigbleiben, die, in Stein gehauen, von deinen frommen Taten erzählen. Die Welt wird dem Menschen ein Ekel und kein Gegenstand der Bewunderung mehr sein. Man wird die Finsternis dem Lichte vorziehen und den Tod für erstrebenswerter halten als das Leben. Götter und Menschen werden uneins – zu beider Leid, und nur die bösen Engel bleiben. Eine Zeit wird kommen, in der es Torheit scheinen wird, daß Ägypten an nichts mehr lag, als die Gottheit zu verehren.«

Worterläuterungen

Abydos Stadt im Ältesten Land (dem Thinitengau in Oberägypten), Hauptort der Osirisverehrung mit Königsgräbern der 1. und 2. Dynastie. Hinter dem Tempel Sethos' I. auf einer tiefgelegenen Insel das »Grab des Osiris«
Amarna Achet Aton, »Horizont des Aton«, Stadt, die Echnaton nach seinem Bruch mit den Göttern Thebens in Mittelägypten baute
Anch Zeichen für Leben
Anubis Gott, der den Abgeschiedenen für seinen Weg in das »Land der Westlichen« vorbereitet
Apis heiliger Stier, besonders in Memphis verehrt
Aton Weltengott, den Echnaton über alle anderen Götter erhob
Atum Urgott in Heliopolis
Auaris Hauptstadt der Hyksos (»Herrscher der Fremdländer«), im Nildelta gelegen

Ba Bezeichnung für Seele, vielfach in Vogelgestalt dargestellt
Biban el Muluk Tal der Könige in Oberägypten (Theben) mit Königsgräbern des Neuen Reiches

Chnum der Gott, der Menschen und Götter und deren Ka auf seiner Töpferscheibe formte

Der el Bahri »Nordkloster«, ein Felskessel im westlichen Theben mit den Tempeln Mentuhoteps und der Königin Hatschepsut
Der el Medine »Kloster der Stadt«, im Neuen Reich Siedlung der Künstler und Handwerker, die den Bau der Tempel und Gräber ausführten
Dragomane einheimische Fremdenführer

Fayum Oase 75 km südöstlich von Kairo, durch einen Kanal mit dem Nil verbunden, von Königen der 12. Dynastie durch ein Stauwerk zu einem der fruchtbarsten Gaue Ägyptens gemacht

Gafir Wächter, Aufseher
Galabija weites, hemdartiges Gewand
Geb der Erdgott
Gise Vorort von Kairo am Rande der westlichen Wüste. Auf einem breiten Wüstensockel die Pyramiden des Cheops, Chephren und Mykerinos, die Große Sphinx und Mastaba-Anlagen

Hapi der Nilgott
Hatnub »Goldhaus«, großer Alabastersteinbruch im Südosten von Amarna
Hebsed Jubiläumsfest, das der König zur Erneuerung seiner Herrschaft, gewöhnlich nach dreißig Jahren, beging
Hieroglyphen »Heilige Zeichen«, Schrift der alten Ägypter. Später wurden zwei Abarten, das Hieratische (»Priesterschrift«) und das Demotische (»Volksschrift«) entwickelt
Heliopolis »Stadt des Pfeilers«, Sonnenstadt, etwa 12 Kilometer im Nordosten vom heutigen Kairo gelegen, mit bedeutendem Sonnenheiligtum, von dem heute nur noch ein Obelisk steht
Horus Himmelsgott, der in Gestalt eines Falken verehrt wurde. Als Erdenherrscher Sohn des Osiris

Hyksos »Herrscher der Fremdländer«, asiatische Fürsten, die Ägypten in der Zeit zwischen dem Mittleren und Neuen Reich unterwarfen

Isis Schwester und Frau des Osiris, Mutter des Horus

Ka Wesen eines Menschen, das nach altägyptischer Vorstellung in die Mumie oder Statue eines Toten einziehen konnte
Kanopen Gefäße, meist Krüge, in denen die inneren Organe vornehmer Toter beigesetzt wurden
Karnak Tempelbezirk im östlichen Theben, durch eine Widdersphinxallee mit dem Tempel von Luxor verbunden
Kurna Dorf in Oberägypten, in dessen Bezirk die bedeutendsten Privatgräber des Neuen Reiches angelegt wurden, überragt von El Kurn, einem pyramidenartigen Gipfel, dem Sitz der Göttin Merit Seger, »die das Schweigen liebt«

Maat der altägyptische Begriff für die Ordnung der Welt, für Wahrheit und Gerechtigkeit. Beim Totengericht wird das Herz des Abgeschiedenen gegen das Zeichen der Maat, eine Feder, abgewogen
Mastaba »Bank«, rechteckiger Oberbau von Gräbern, besonders des Alten Reiches
Memnonskolosse die beiden 18 Meter hohen Statuen Amenophis' III. vor seinem Totentempel in Theben. Der nördliche Koloß ließ von 27 v. Chr., nachdem er durch ein Erdbeben gesprungen war, bis 199 n. Chr. (Ausbesserung durch den römischen Kaiser Septimius Severus) bei Aufgang der Sonne einen klagenden Ton hören, der viele Besucher anzog. Die Griechen sahen im Koloß ein Bild des vor Troja gefallenen sagenhaften Äthiopenkönigs Memnon

Memphis »die Weißen Mauern«, durch den Reichseiniger Menes an der Grenze zwischen Ober- und Unterägypten als »Waage der beiden Länder« erbaut und zur Residenz über das ganze Nilland erhoben
Mumien einbalsamierte Körper von Königen und Vornehmen

Nephtys Schwester und Frau des Seth, des Brudermörders von Osiris
Nut Himmelsgöttin, die Sonne, Mond und Sterne gebiert

Obelisk »Bratspießchen«, Symbol des Sonnengottes, der sich bei Tagesbeginn mit seinen ersten Strahlen auf der kleinen goldenen Pyramide an der Obeliskenspitze niederläßt
Osiris Auferstehungsgott, zunächst Herrscher über Ägypten, dann König und Richter »im schönen Westen«

Papyrus Pflanze, heute aus Ägypten fast verschwunden. Vorbild für Säulen, Material für leichte Boote, Matten, Tauwerk, Sandalen, Körbe. Aus ihrem Mark wurden feine Streifen geschnitten, übereinandergelegt und gepreßt. So entstanden Papyrusrollen, auf die mit Binsenfedern geschrieben wurde
Pharao »Großes Haus«, im Alten und Mittleren Reich Bezeichnung für den Königspalast, im Neuen Reich für den König
Phönix heiliger Vogel, zum Sonnengott gehörig
Ptah Schöpfergott von Memphis, in Menschengestalt dargestellt
Punt das Weihrauchland an der Küste des Roten Meeres, in das verschiedene Pharaonen, auch Hatschepsut, Expeditionen entsandten
Pyramiden griechische Bezeichnung (altäg. »mer«) für Gräber (Jenseitsresidenzen) von Königen der 3. bis 17. Dynastie, im

Neuen Reich in kleinerer Form auch über Privatgräbern errichtet. Einige Pyramidennamen: Es erscheint Snofru, Horizont des Chufu, Groß ist Chephren, Göttlich ist Mykerinos, Die Stätten des Unas sind vollendet, Beständig ist das Leben des Pepi

Rais Vorarbeiter bei Grabungen, Kapitän auf Nilschiffen
Re Sonnengott, als dessen Söhne sich die Pharaonen seit der 5. Dynastie betrachteten

Sachmet »die Mächtige«, löwenköpfige Gattin von Memphis
Sakkara die zu Memphis gehörige Totenstadt des Alten Reiches, deren bedeutendste Anlage die Stufenpyramide ist
Serdab »Unterirdische Gewölbe«, Raum für die Statue des Grabherrn mit Sehschlitzen in Augenhöhe
Seth Bruder und Mörder des Osiris, von Horus besiegt
Skarabäus Bild des Gottes, »der aus sich selbst entsteht«, häufiges Amulett, den Toten mitgegeben
Sothis Sirius. Der Tag, an dem dieser Stern zum erstenmal wieder vor der Sonne am Himmel erschien, wurde als großes Fest gefeiert. Zu Beginn der geschichtlichen Zeit bezeichnete dieses »Hervorgehen« den Anfang der Nilschwelle
Sphinx Königsbild in Gestalt eines Löwenleibes mit Menschenhaupt. Mit Ausnahme einiger Sphinxe der Königin Hatschepsut männlich, doch hat sich seit den Griechen eingebürgert, *die* Sphinx zu sagen

Theben Hauptstadt des ägyptischen Weltreiches, die »Hunderttorige«
Thiniten Könige der 1. und 2. Dynastie, die Einiger Ägyptens
Thot Gott der Weisheit, der die Menschen lesen, schreiben und rechnen lehrte

Uräus »die sich Aufbäumende«, Diadem des Pharaos in Gestalt einer drohenden Kobra

Uschebti »Antworter«, kleine Figuren, die als Diener ihres Herrn im Jenseits die Arbeiten verrichten sollten, zu denen er aufgerufen wurde

Anmerkung

Bei der Vorbereitung dieses Buches fand ich jede nur denkbare Unterstützung von seiten der Ägyptischen Staatlichen Altertümerverwaltung und des Deutschen Archäologischen Instituts in Kairo sowie des Ägyptologischen Seminars der Universität München. Zu besonderem Dank verpflichtet bin ich Prof. Hanns Stock, dessen Bibliothek mir zur Verfügung stand. In Ägypten führten mich Prof. Stock, Prof. Bakir, Dr. Munro, Frau Bolbol el Megid (Um e Seti), Ibrahim Kemal, Heinz Herzer. Für wertvolle Hinweise danke ich Prof. H. W. Müller, für die Durchsicht des Manuskripts Dr. von Beckerath und Heinz Herzer. Die Form des Buches ergab sich aus Begegnungen im Nillande: mit Megdi und seinem Vater, Scheich Ali Abderrasul, Jacob und anderen Jungen in Gise, Sakkara und Kurna.

